簡単 得する 暮らしのお手入れ

便利屋つばさ・監修

メディアパル

家庭の〝困った〟を
＼ササッと／
簡単！お手入れ！

普段の暮らしの中で、こんなトラブルに出合ったことはありませんか？
専門の業者さんを呼ぶべきか、買い替えるべきか……。
でも、ちょっと待って！　ほんの少しの知識さえあれば、意外に自分で
直せるケースが多いのです。

case 1
〝壁紙がはがれた〟

壁紙のはがれがだんだんと広がって、ほこりがたまり出した。壁自体が傷んでしまわないうちに、修復したい……！

12ページへ　➡

case 2
〝ドアの開閉に不具合〟

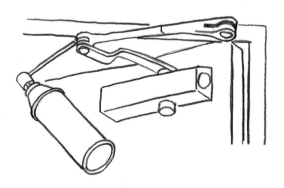

ドアの閉まりが悪くなったり、逆に勢いよく閉まったりするようになった。スムーズに開閉できるよう調整したい！

27ページへ　➡

case 3
≋リモコンが効きづらい≋

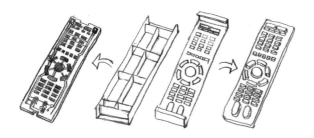

長年使用してきたテレビやDVD、エアコンのリモコン。ボタンを押しても反応が悪く、上手く操作できなくなってしまった……

70ページへ ➡

case 4
≋エアコンから水が漏れる≋

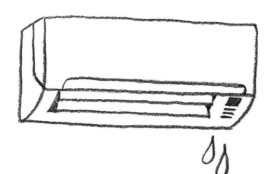

エアコンから、水が漏れてくるようになった。フィルターを掃除しても直らない。なんとか自分で修理できないものか?

74ページへ ➡

case 5
≋引き出しが開きづらい≋

スチール製ワゴンの引き出しが引っかかる。木製の家具の引き出しも、スムーズに開かない。買い替えるまでもないし、簡単に元どおりにする方法は……?

89ページへ ➡

そろえておきたい 基本の道具・工具

この本で紹介するお手入れで使う道具です。よく使うのでそろえておきましょう。

■ドライバー

木ネジやビスを締めたり緩めたりする工具で、使用頻度が高い。＋（プラス）と−（マイナス）とがあり、それぞれ最低でも大小2本ずつは用意しておきたいものです。サイズは小さいほうから0番、1番、2番、3番と呼ばれています。「非貫通型」のほか、金属の軸がグリップ部を貫通した「貫通型」があります。貫通型ドライバーは、カナヅチでたたくと、ネジ山がつぶれてもまわしやすくなります。

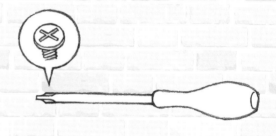

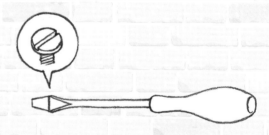

■カナヅチ

クギを打つとき、ノミやカンナなどをたたくときなどに活躍するカナヅチは、人間が発明した最初の工具のひとつだといわれています。木工DIYで使う場合は、両側を使い分けて目くぎを打てる両口ゲンノウ（玄翁）が便利です。

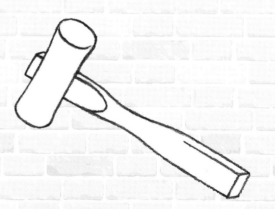

■カッターナイフ

文房具のイメージが強いカッターナイフです
が、DIYなどでも、必要不可欠な基本工具で
す。刃の厚いタイプは、段ボールや薄いベニ
ヤ、クッションフロアなどを、刃の薄いタイプ
は、紙やビニールなど薄い素材を切るなど、使
い分けるとよいでしょう。

■キリ

木材に貫通穴をあけるときにはもちろん、クギ
打ちやネジ締めの際に、下穴をあけるためにも
利用します。下穴をあけることで、クギやネジ
が曲がることなく、きれいに仕上がります。三
つ目ギリが1本あるとよいでしょう。

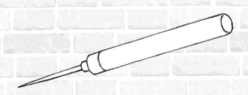

■直尺・曲尺

スチール製の定規。まっすぐなものが直尺、L
字に曲がったものが曲尺（またはサシガネ）で
す。長さの測定に使うほか、線を引いたり、
カッターナイフで切るときのガイドとしても使
います。目盛りの単位は「ミリ」で表記されて
いるものが便利です。

■ノコギリ

木材などを切るときに使うノコギリは、1枚の
刃に両方の歯を備えた両刃ノコが一般的です
が、家庭用には、合板もきれいに切れる替刃式
や折れ刃式のノコギリが扱いやすいでしょう。
日本のノコギリは、手前に引くと切れる刃の向
きになっています。

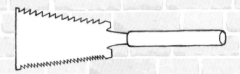

■メジャー

長さの測定をする工具。巻尺やスケールともい
います。家庭用としては、天井までの高さが測
れる3.5m前後のものがおすすめ。テープ部分
が適度の太さで、折れ曲がらないもの、ストッ
パー機能が付いているタイプが便利です。

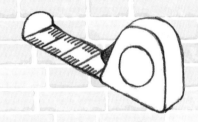

■ニッパー

ハサミやノコギリでは切れない、細い針金や
コードを切るための工具。ペンチよりも切れ味
がすぐれ、きれいに仕上がります。
狭い電子機器の内部でも使える小型の精密ニッ
パーから、太いワイヤーにも対応できる強力
ニッパーまでタイプはさまざまです。

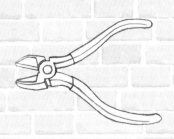

もくじ

簡単 得する 暮らしのお手入れ

家庭の"困った"をササッと簡単！ お手入れ！ ……………………………………… 2

そろえておきたい 基本の道具・工具 …………………………………………… 4

パート1
住まいのお手入れ

壁の汚れ落とし ………………………………………………………………… 10

塀のひび割れ直し ……………………………………………………………… 11

壁紙のはがれ直し ……………………………………………………………… 12

カーペットの穴の補修 ………………………………………………………… 13

クッションフロアの一部張り替え …………………………………………… 14

フローリングの傷の補修 ……………………………………………………… 16

障子紙の一部張り替え ………………………………………………………… 17

ふすまの穴の補強 ……………………………………………………………… 18

折れた障子の桟直し …………………………………………………………… 20

畳の傷隠し ……………………………………………………………………… 21

畳のささくれ直し ……………………………………………………………… 22

鍵の動きを改善 ………………………………………………………………… 23

ドアノブの交換＜チューブラ錠＞＜円筒錠＞ ……………………………… 24

ドアノブの交換＜箱錠＞ ……………………………………………………… 26

ドアクローザーのメンテナンス ……………………………………………… 27

ドアノブをレバーハンドルに交換 …………………………………………… 28

レバーハンドルの付け替え …………………………………………………… 30

ドアノブのぐらつき補修 ……………………………………………………… 31

スライド蝶番の調整 …………………………………… 32

窓の戸車の交換① …………………………………… 34

窓の戸車の交換② …………………………………… 36

窓のクレセント錠の交換 …………………………… 37

網戸の全面張り替え ………………………………… 38

◆あると便利な修理のお供 …………………… 40

パート2
水まわりのお手入れ

クランク付け根の水漏れ修理 …………………… 42

混合栓をシングルレバーに交換 ………………… 44

吐水パイプの水漏れ修理 ………………………… 46

ハンドルからの水漏れを修理 …………………… 48

排水トラップの水漏れ直し ……………………… 49

シャワーヘッドの交換 …………………………… 50

シャワーホースの交換 …………………………… 51

温水洗浄便座の設置 ……………………………… 52

排水管のつまり直し ……………………………… 54

トイレの水が出ない場合の対処法 ……………… 55

トイレの水が止まらない場合の対処法 ………… 56

◆柱の探し方 …………………………………… 58

パート3
家具や衣類などモノのお手入れ

衣装ケースのひび割れ補修 ……………………… 60

傘のダボの補修 …………………………………… 61

引き出しの前板の付け直し ……………………… 62

パンツのすそ上げ ······················ 63

スカートのウエストゴム直し ·············· 64

ジーンズのすり切れ直し ················· 66

パンプスのお手入れ ···················· 67

スニーカーのお手入れ ·················· 68

効かなくなったリモコンの修理 ············ 70

DVD が出てこなくなったときの対処法 ········ 72

エアコンの水漏れ修理 ·················· 74

自転車のブレーキ調整とパンク修理 ········· 76

　◆防災工具の取り付け ················· 80

パート4
ちょい足しテクニック

家具の汚れや色あせ補修 ················· 82

椅子の座面の張り替え ·················· 84

床の段差の解消 ························ 85

階段のすべり止め ······················ 86

寝てしまったカーペット生地を戻す ········· 88

引き出しのメンテナンス ················· 89

釘であいた柱の穴埋め ·················· 90

壁の小さな穴の補修 ···················· 91

石膏ボードへのフックの取り付け ··········· 92

　◆汚れの種類に合った洗剤 ·············· 94

■主要参考文献
『決定版家庭大工マニュアル』西沢正和監修（主婦と生活社）
『身のまわりの修理の教科書』西沢正和監修（PHP 研究所）
『保存版なんでも自分で修理する本』片桐雅量著（洋泉社）
『完全保存版なんでも自分で修理する本』片桐雅量著(宝島社)
『DIY でリフォーム＆メンテナンス』山田芳照著（ナツメ社）
『服のお直し便利帳』佐藤壽乃監修（大泉書店）

・本書では簡単に行なえると思われる方法を紹介しました。
・道具の名前などはメーカーによって異なる場合があります。
・家電製品などの修理は自己責任で行なってください。メーカー
　によっては分解した段階で保証が効かなくなる場合があります。

住まいの
お手入れ

パート1 壁の汚れ落とし

　ザラザラとして凹凸のある塗り壁は、細かい溝に汚れが入り込んでしまうと、雑巾などで拭いてもなかなか取れないものです。

　光沢のある漆喰壁の場合は、スポンジを使うことで、風合いを保つことができます。

　素材により汚れ落としの方法が違いますが、適切な方法で掃除をすれば、部屋を明るく見せることができます。

🧰 つかう道具 🧰

■凹凸のある壁
・サンドペーパー
　60番・120番・240番
■光沢のある壁
・スポンジ
・クレンザー
　(研磨率20%の粒子の細かいもの)

凹凸のある塗り壁

シミが付着した部分とその周辺を、
サンドペーパーを使って
汚れが落ちるまで何度もこする。

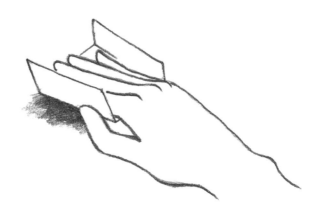

光沢のある漆喰壁

スポンジにクレンザーをつけ、何度も軽くこする。
薄い汚れは、プラスチック製の消しゴムを使って、
きれいに消すことができる。

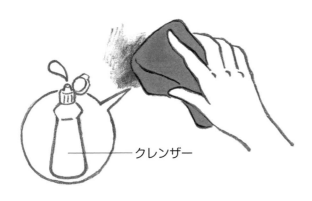

クレンザー

Point!

サンドペーパーを使う場合、力を入れすぎると、壁がへこんでしまうことがあるので要注意。業者に塗り替えを頼むと数万円以上、自分でやると1,000円以内ですむ。

塀のひび割れ直し

モルタルなどを使用した塀は、長い年月の間に劣化してひび割れをおこします。

ひびが広がると、雨水が侵入し、中にある鉄筋が腐食していきます。

腐食が進むと、塀の強度が低下して崩れやすくなるなど、危険が伴います。塀のひび割れを見つけたら、早めの補修を心がけましょう。

つかう道具

- ・歯ブラシ
- ・変成シリコーン系充填剤
- ・ヘラ

Point!

ひび割れが広範囲におよんでいる場合は、危険なので業者へ修復依頼するとよい。

1
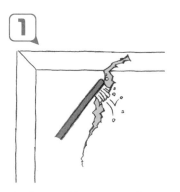

歯ブラシを使って、ひび割れの中のゴミやコケをかき出す。

2
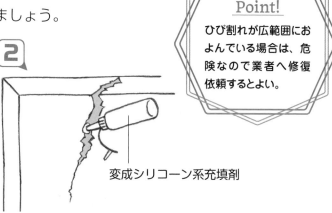

変成シリコーン系充填剤

変成シリコーン系充填剤を、ひび割れの奥まで行き届くように注入する。

3
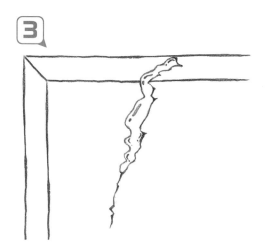

ひび割れ全体に、しっかりと充填剤を行き渡らせる。ひび割れの上下の端にすき間ができないように注入するのがポイント。

4
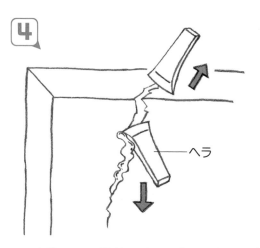

ヘラ

ヘラを使い、ひび割れのさらに奥まで充填剤が入っていくよう押し込んでいく。
そのあと、平らになるようにならす。

壁紙のはがれ直し

壁紙は、湿気が多いと伸び、乾燥していると縮みます。これにより床と天井の境目や、壁紙の継ぎ目からはがれてきます。

やがてはがれた部分が広がるとほこりがたまり、乾燥した壁紙がめくれてきたり、壁自体が傷んでしまいます。早めの修復をおすすめします。

🧰 つかう道具 🧰

- ・雑巾
- ・霧吹き
- ・壁紙用接着剤
- ・ヘラ
- ・つまようじ
- ・スポンジ
- ・壁紙用ローラー

1

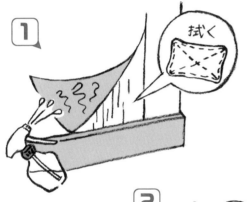

拭く

はがれた壁紙の裏面と壁の汚れ、周りのほこりなどを、固くしぼった雑巾できれいに拭き取っておく。はがれた部分が乾燥している場合は、霧吹きで湿らせてやわらかくしておく。

2

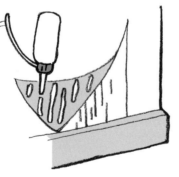

壁紙の裏側に壁紙用接着剤を塗る。ヘラやつまようじを使い、できるだけ奥まで均一に塗り広げるのがコツ。はがれが大きい場合は、壁にも塗る。

3

ローラーを使って壁紙を貼り直す。はみ出した部分はスポンジで拭き取る。壁用ローラーは強めにかけて密着させることがポイント。この一手間で継ぎ目が目立たずきれいに仕上がる。

Point!

一面を塗り替える場合、業者に頼むと25,000円以上かかることが多い。これを自分でやると、約1,500円でできる。

カーペットの穴の補修

大きめの家具を移動したり、ペットが噛んだりして、カーペットに穴があいてしまうことがあります。

そんなときは、同じカーペットの端切れで穴をふさぎましょう。ふさいだ部分が目立たずに、きれいに仕上げることができます。

🧰 つかう道具 🧰

- ・同じカーペットの端切れ
- ・カッターナイフ
- ・両面テープ
- ・ヘアブラシ

1

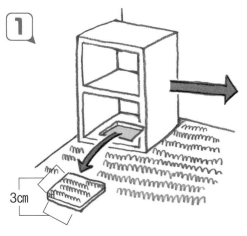

3cm

カーペットの端切れを用意し、穴よりも大きめ（2〜3cm四方）にカッターナイフで切り取る。

2

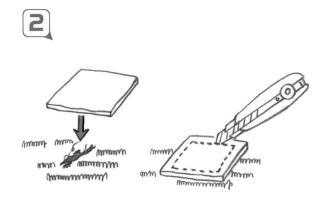

穴のあいた部分に、1で作った端切れを貼る。カーペットと端切れを合わせ、カッターナイフで四角く切り取る。

Point!

同じカーペットの端切れがない場合は、家具の下になって見えない部分のカーペットを使用する。

3

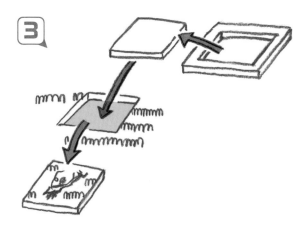

切り取ったカーペットを取り除き、カーペットの下の床面に、両面テープを貼る。
カーペットの毛の流れに合わせて、四角く切った端切れを貼る。
ヘアブラシを軽くかけるときれいに仕上がる。

クッションフロアの一部張り替え

クッションフロアは熱に弱い素材のため、焦げ跡などがつきやすくなっています。

また、柔らかい特性を持つために傷に弱いという側面があります。焦げ跡や傷が気になったら、気になる箇所だけ張り替えましょう。ここでは、染み抜きの方法も合わせて紹介します。

🧰 つかう道具 🧰

- ・カッターナイフ
- ・定規
- ・同じ柄のクッションフロア
- ・両面テープ
- ・シームシーラー
- ・雑巾

Point!

クッションフロアは一部だけの張り替えやお手入れも可能。子どもやお年寄りがいる家庭におすすめ。

焦げ跡などの箇所を板の木目に定規を合わせて切り取る。このとき、切った端を取っておく。

新しいクッションフロア

2

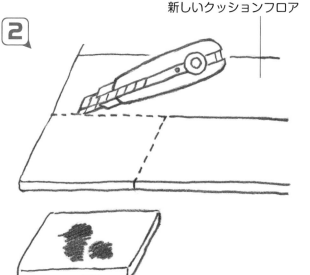

張り替えるものと同じクッションフロアを、①で切り取った箇所と同じサイズになるよう、定規で測るか、取っておいた切れ端と合わせて切り取る。

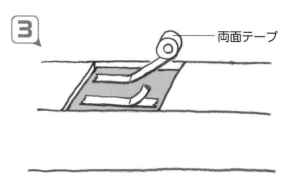

両面テープ

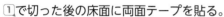

①で切った後の床面に両面テープを貼る。

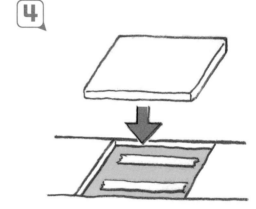

②で切り取ったクッションフロア
を板の木目にそって貼り付ける。

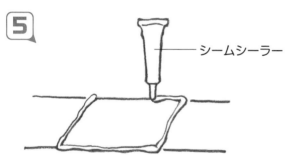

シームシーラー

つなぎ目が気になる場合は、シームシーラー
を塗る。

絨毯の染み抜き

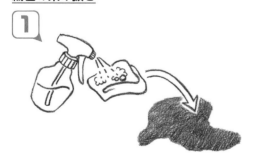

絨毯の場合は汚れてから処置するまでのスピ
ードが大切。家具などに使える洗剤を汚れ箇
所に当てる。泡で出るタイプの洗剤は一度雑
巾に吹きかけ、汚れに泡が乗るように移す。

汚れが広がらないように外側から内側にかけ
てこする。汚れが浮いてきたら、濡らした雑
巾で軽く叩いて拭き取る。

フローリングの傷の補修

フローリングについた傷は、ちょっとした小さな傷でも目立つもの。クレヨンタイプの木部補修剤を溶かし、傷に埋め込むように塗ることで、簡単に補修できます。

ここでは、比較的深い傷を埋める方法を紹介します。補修剤の色と床の色が合わないときは、色を混ぜ合わせるとよいでしょう。

🧰 つかう道具 🧰

- ・カッターナイフ
- ・木部補修剤
- ・ドライヤー
- ・ヘラ
- ・雑巾

Point!

補修したところに、木部補修剤で木目模様を描くと、目立たなくなる。

1

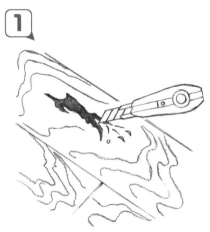

カッターナイフで、傷のまわりのささくれを取り除く。

2

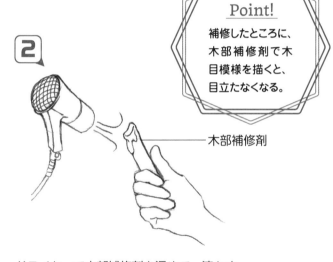

木部補修剤

ドライヤーで木部補修剤を温めて、溶かす。

3

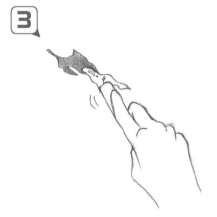

木部補修剤を、床の傷に埋め込むように塗る。

4

固まったら、ヘラを使い、はみ出た木部補修剤を取り除き、雑巾で拭く。

障子紙の一部張り替え

障子紙の一部が破れただけで全面を張り替えるのは、労力も時間もかかって大変です。かといって、破れた部分にテープを貼り付けるのでは、見た目もよくありません。

そこで同じ色の障子紙を使い、破れたマスごと、張り替える方法を紹介します。

🧰 **つかう道具** 🧰

・定規
・カッターナイフ
・障子紙
・障子のり

1

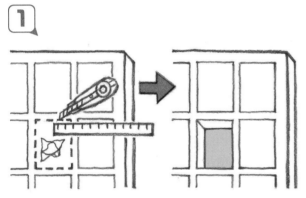

定規を使って破れたマスの障子紙を、カッターナイフできれいに切り取る。桟の長さを測る。

2

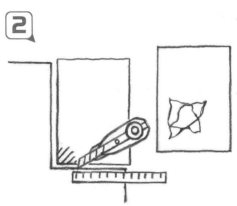

障子紙に1で測った桟の長さどおりに線を引き、カッターナイフで切り取る。

3

障子のり

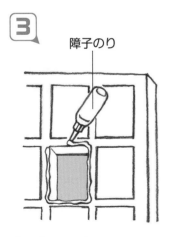

桟に障子のりをつける。
両面テープやアイロンで貼る
方法もある。

4

新しい障子紙をのせ、指先でなぞりながら、
ていねいに貼り合わせていく。

Point!

乾燥させる際は、直射日光に当てずに、日陰で十分に乾かすようにする。

ふすまの穴の補強

ふすまのちょっとした破れや穴は、自分で補修することができます。破れが大きくなる前に、穴をふさいでおきましょう。

穴の周りのふすま紙が残っていさえすれば、目立たないように穴をふさぐことができます。

🧰 つかう道具 🧰

- ・霧吹き
- ・厚紙（古い葉書でも）
- ・ハサミ
- ・針
- ・糸
- ・ふすま貼り用のり
- ・筆
- ・タオル

1

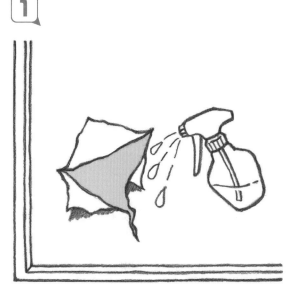

ふすま紙の下にある袋紙が破れている場合は、ふすま紙といっしょにはがしておく。破れたふすま紙を手前にめくり、裏面に霧吹きをかけて湿らせる。

Point!

厚紙はなるべく大きく丈夫なものを使用。ふすまの強度が高まる。

2

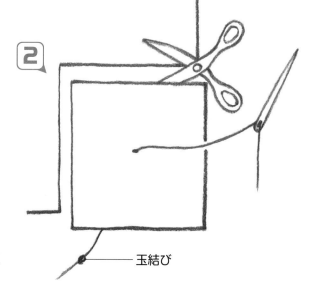

袋紙が破れている場合は、厚紙で補強の紙を作る。穴よりひとまわり大きく厚紙を切る。厚紙の中央に針で糸を通し、厚紙の裏側で玉結びをする。

玉結び

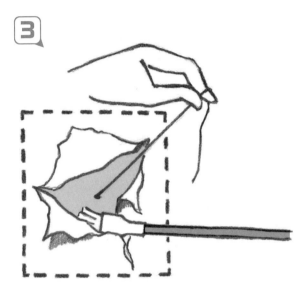

3

ふすま紙と袋紙の間に、②の厚紙を差し込む。厚紙の糸を手前に引っ張りながら、破れたふすま紙の裏面に奥のほうから、筆でふすま用ののりを塗る。

4

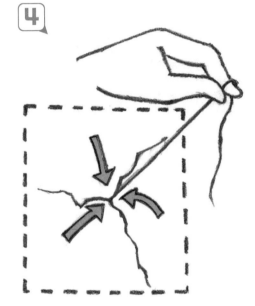

糸を手前に引っ張りながら、破れたふすま紙を厚紙にピッタリと貼り付ける。細かい部分は、針先を使い、すき間なく貼る。

5

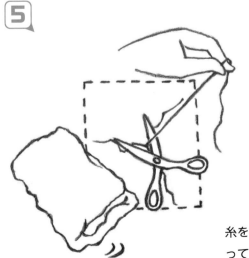

糸を切る。周囲を乾いたタオルで軽くこすってシワを伸ばし、のりが乾くのを待つ。

折れた障子の桟直し

折れてしまった障子の桟をそのままほうっておくと、思わぬケガにつながります。

🧰 **つかう道具** 🧰

- ・木工用接着剤
- ・雑巾
- ・洗濯バサミ

1

折れた場所に木工用接着剤を塗り、切り口を合わせて貼り付ける。

2

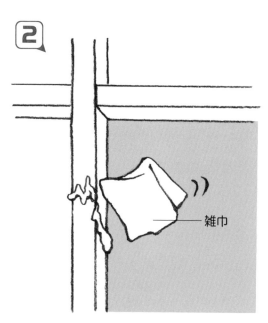

雑巾

はみ出した木工用接着剤は、雑巾できれいに拭き取る。

3

接着部分を洗濯バサミで固定する。そのまま、木工用接着剤が完全に乾くまで固定する。

> **Point!**
> 桟が完全に折れて、切り離されてしまったら、新しい細材で折れた部分と同じ寸法の桟をつくる。

畳の傷隠し

畳についたシミや汚れを放置すると畳の目に入り込んでしまい、拭いてもなかなかきれいになりません。張り替えるとなるとかなりの費用がかかってしまいます。

そんなときは、畳用の補修シールをおすすめします。畳の目がプリントされており、補修したい畳に近い色を選んで貼るだけです。

🧰 つかう道具 🧰

・畳用の補修シール
　（3〜4色入ったもの）
・ハサミ
・ピンセット

1

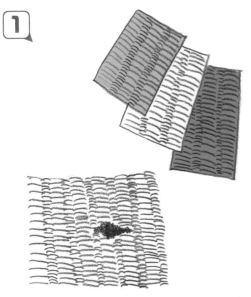

数色がセットされている補修シールを畳の上に置いてみて、色の近いシールを選ぶ。

2

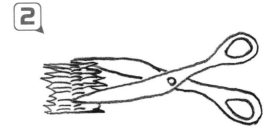

補修シールは隠す部分よりひとまわり大きくカットする。

3

Point!

補修シールは耐久性がさほどあるわけではないので、張り替えをするまでの汚れ隠しと考えたほうがよい。

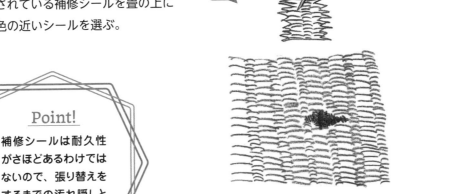

畳の目に合わせて、ピンセットを使って補修シールを貼り、しっかりと押さえる。

畳のささくれ直し

家具を移動させたときやペットが爪を立てたときなど、さまざまな原因で畳の目にささくれができることがあります。

ほうっておくと傷みが広がるので、早めの補修を心がけましょう。

🧰 つかう道具 🧰

- スチロールトレイ
  （小皿や瓶の蓋でも可）
- 木工用接着剤
- 水
- 筆

Point!

畳1枚を張り替えると約3,500円かかる。自分で補修すると約700円ですむ。

1️⃣

水

木工用接着剤

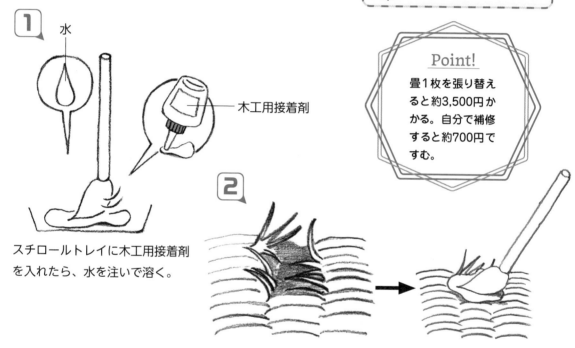

スチロールトレイに木工用接着剤を入れたら、水を注いで溶く。

2️⃣

筆を使って、ささくれた部分に1️⃣を塗る。

3️⃣

指で畳を何度か押さえて整える。

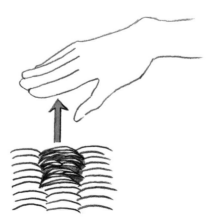

鍵の動きを改善

鍵穴は、長年使っていると鍵の抜き差しがしにくくなることがあります。たいていの場合、専用の潤滑剤でお手入れすると、簡単に元どおりになります。

🧰 **つかう道具** 🧰

・鍵穴専用の潤滑剤
　（スプレータイプ）
・布（やわらかめのもの）
・鍵

1

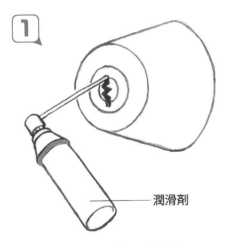

潤滑剤

鍵穴に専用の潤滑剤をひと吹き
（0.5秒程度）注入する。

Point!

一般用途の潤滑剤は、作動不良になることがあるので、必ず鍵穴専用のものを使う。

2

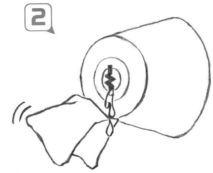

鍵穴からあふれた潤滑剤は、やわらかい布で拭き取る。

3

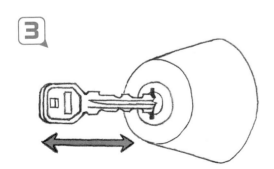

鍵穴に潤滑剤を注入したら、鍵穴に鍵を差したり抜いたりする。

4

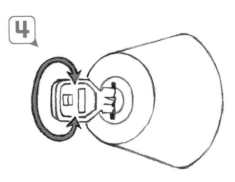

鍵の開け閉めをくり返してから、布で鍵を拭く。

ドアノブの交換
<チューブラ錠> <円筒錠>

　ドアの開け閉めの動作が鈍くなってきたら、ドアノブが古くなってきた証拠。思い切って新しいものに交換しましょう。ここでは、チューブラ錠と円筒錠の交換のしかたを紹介します。

🧰 つかう道具 🧰

- ・ドライバー
  （プラス・マイナス）
- ・キリ（円筒錠の場合）
- ・新しいドアノブ

チューブラ錠

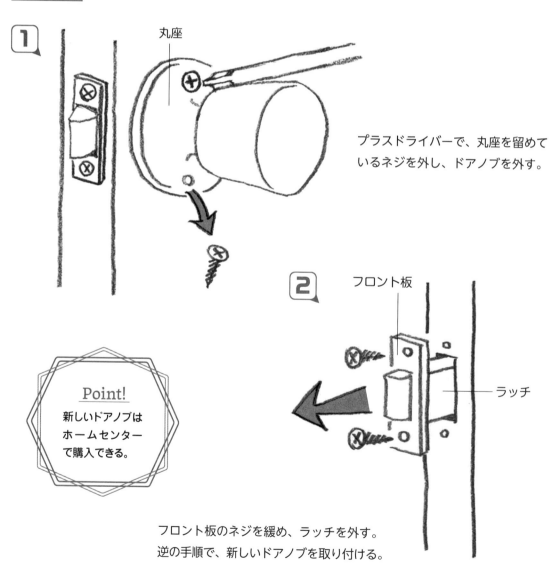

1 丸座

プラスドライバーで、丸座を留めているネジを外し、ドアノブを外す。

2 フロント板　ラッチ

Point!
新しいドアノブはホームセンターで購入できる。

フロント板のネジを緩め、ラッチを外す。
逆の手順で、新しいドアノブを取り付ける。

円筒錠

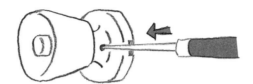

側面にある小さな穴にキリを差し込み、軽く押しながらドアノブ（部屋の内側）を引っ張って外す。

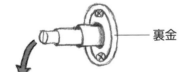

裏金

丸座とドアのすき間に、マイナスドライバーを差し込んで、丸座を浮かすようにして外す。

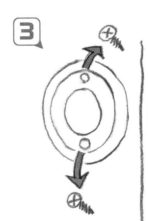

フロント板

プラスドライバーでネジを緩め、丸座の下の裏金を外す。部屋の外側のドアノブも外す。

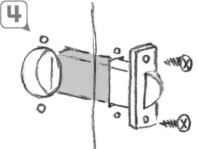

フロント板のネジをプラスドライバーで外して、ラッチを外す。新しいドアノブを、逆の手順で取り付ける。

Point!

取り外しの手順を覚えておくと、取り付ける際に役立ちます。

ドアノブの交換
＜箱錠＞

ここでは、箱錠の交換のしかたを紹介します。

🧰 つかう道具 🧰

・ウォーターポンププライヤー
（40ページ参照）
・ドライバー
・新しいドアノブ
・ゴム手袋

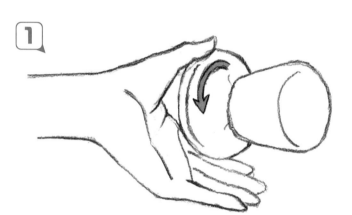

1

部屋の内側から、ドアノブの丸座を手で反時計回りにまわして外す。防犯上、かなりきつく締まっていることが多いので、ゴム手袋をしてまわすと、外しやすくなる。

Point!

手でうまく外せない場合は、ウォーターポンププライヤーで挟んでまわし外すとよい。

2

裏金

プラスドライバーでネジを緩め、裏金を外す。次に、外側のドアノブを外す。

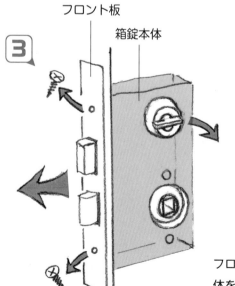

フロント板
箱錠本体

3

フロント板のネジを緩め、箱錠本体を外す。新しいドアノブを、逆の手順で取り付ける。

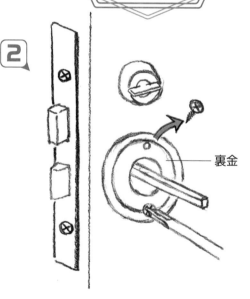

ドアクローザーの メンテナンス

ドアクローザーのついている扉では、開閉速度の調整が適切でないと、ドアが重くなったり、反対に勢いよく閉まったりするようになります。

またドアクローザーのアーム連結部分の潤滑油が切れると、開け閉めするとき、きしんだ音がしてしまいます。

こんな症状があるときは、ドアクローザーのメンテナンスをおすすめします。

🧰 つかう道具 🧰

・ドライバー又は六角棒レンチ
・スプレー式潤滑油

Point!

小さい子どもやお年寄りのいる家庭では、安全性を考えて少し遅めに調整する。

ドアの開閉速度の調整

ドアクローザー

ドアの内側に取り付けられている、ドアクローザーの本体側面のネジを、ドライバーで締めたり緩めたりして、ドアの開閉速度の調整をする。右にまわすと遅くなり、左にまわすと速くなる。

ドアクローザーには、ネジが1か所・2か所・3か所あるタイプがある。

①は全体的な開閉速度を、②はドアを枠に収める速さを、③はドアが閉まる寸前の速さを調整するネジ。ネジが1か所のタイプは、そのすべてを兼ねている。

開閉時の音を調整

開閉時の音は、ドアクローザーのアーム連結部分の油が切れている場合に起こることが多い。

連結部分にスプレー式潤滑油を注して調整する。

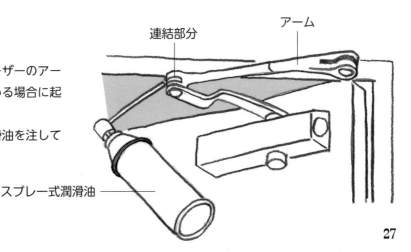

連結部分　アーム

スプレー式潤滑油 ─────

27

ドアノブを
レバーハンドルに交換

　上げ下げしたりするだけでドアを開閉できるレバーハンドルは、まわすタイプのドアノブ（チューブラ錠）よりも使いやすいという利点があります。とくに、握力の弱い子どもやお年寄りでも、快適に使用できます。

　ここでは、チューブラ錠からレバーハンドルへの付け替え方法を紹介します。

🧰 **つかう道具** 🧰

- ・ドライバー
- ・レバーハンドル
- ・キリ

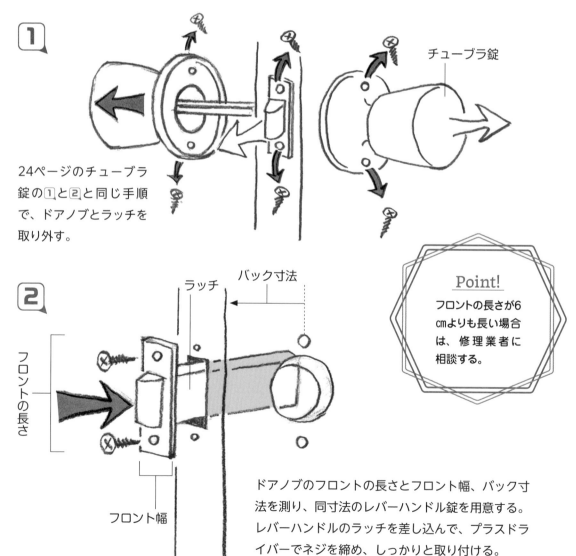

1

チューブラ錠

24ページのチューブラ錠の1と2と同じ手順で、ドアノブとラッチを取り外す。

2

ラッチ

バック寸法

フロントの長さ

フロント幅

Point!
フロントの長さが6cmよりも長い場合は、修理業者に相談する。

ドアノブのフロントの長さとフロント幅、バック寸法を測り、同寸法のレバーハンドル錠を用意する。レバーハンドルのラッチを差し込んで、プラスドライバーでネジを締め、しっかりと取り付ける。

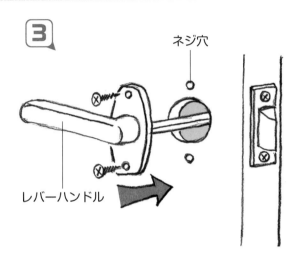

ネジ穴

レバーハンドル

部屋の内側からレバーハンドルを差し込む。
このとき、台座のネジ穴の位置がドアノブの
ネジ穴と合わない場合は、キリでドアにネジ
穴をあける。

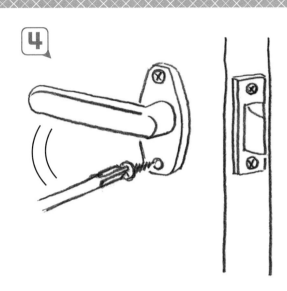

ドライバーで、レバーハンドルの台座のネジ
を緩く締める（仮留め）。レバーハンドルを
動かし、スムーズに動くか確認する。

部屋の内側と同じように、外側のレバーハン
ドルも取り付ける。ネジを緩く締めて、レバ
ーハンドルの動作を確認する。

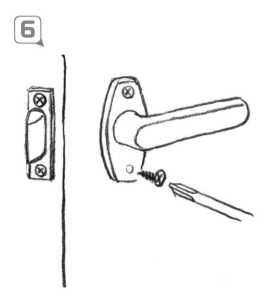

レバーハンドルの動きがスムーズであれば、
仮留めした台座のネジをドライバーでしっか
りと締める。

レバーハンドルの付け替え

レバーハンドルは、比較的簡単に付け替えが可能です。専門の業者に依頼すると、部品代と合わせて15,000円〜 35,000円かかります。

ここでは自分で交換する場合の、作業手順を紹介します。

🧰 つかう道具 🧰

- ・ドライバー（プラス・マイナス）
- ・新しいレバーハンドル
- ・あて木

1

プラスドライバーで、部屋の両側のレバーハンドルの付け根のネジを緩めて外す。

2

丸座とドアのすき間にマイナスドライバーを差し込む。そのまま丸座を浮かせながら外す。

丸座

あて木

Point!

丸座とドアのすき間にマイナスドライバーを差し込むとき、あて木をすると、マイナスドライバーが安定する。

3

ドライバーを使って、裏金のネジを外す。

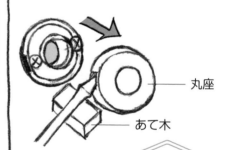

4

ラッチ

フロント板

フロント板のネジを緩め、これでラッチを外す。ハンドル用の穴にドライバーを差し込んで、ドライバーの先端と柄を両手で持ち、手前に引く。この逆の手順で新しいレバーハンドルを取り付ける。

ドアノブの ぐらつき補修

ドアノブの内側にある裏金のネジが緩むと、ドアノブがぐらつくようになります。

ここでは、箱錠のぐらつきを直す方法を紹介します。

🧰 **つかう道具** 🧰

・ウォーターポンププライヤー
・ドライバー

Point!

チューブラ錠のぐらつきは丸座の、円筒錠のぐらつきは裏金の上下のネジを締めて直す。

1⃣

部屋の内側のドアノブの丸座を、反時計回りにまわして外す。手で外せない場合は、ウォーターポンププライヤーで挟んでまわすとよい。

2⃣

裏金

裏金を留めているネジをドライバーでしっかりと締める。

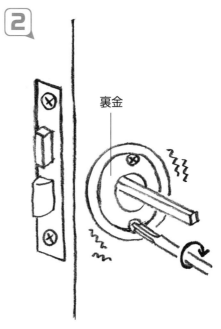

3⃣

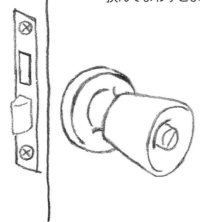

ドアノブを裏金にかぶせる。時計回りにまわして、しっかり取り付ける。最後にドアノブの鍵がかかるか確認する。

スライド蝶番の調整

キッチンの戸棚やキャビネットの扉が、スムーズに開け閉めできなくなるのは、スライド蝶番のネジの緩みが原因です。

左右・上下・前後のそれぞれのネジを調整して、扉の位置のズレを直せば元どおりになります。

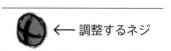

🔧 **つかう道具** 🔧

・ドライバー

← 調整するネジ

扉の左右のズレの調整

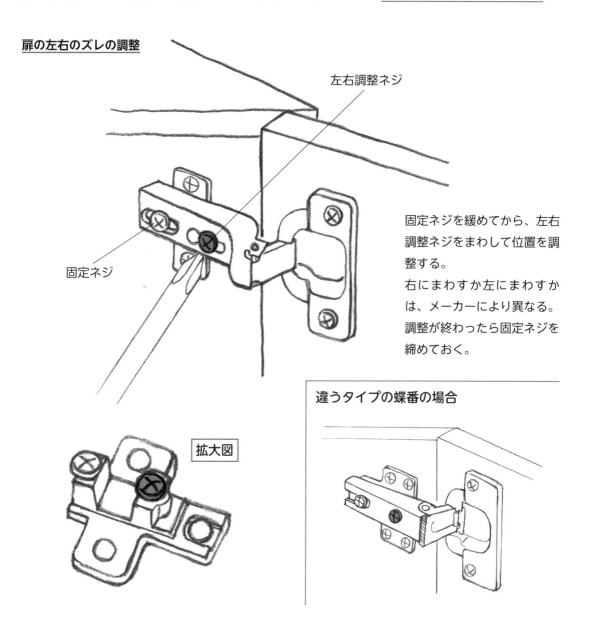

左右調整ネジ

固定ネジ

固定ネジを緩めてから、左右調整ネジをまわして位置を調整する。

右にまわすか左にまわすかは、メーカーにより異なる。調整が終わったら固定ネジを締めておく。

拡大図

違うタイプの蝶番の場合

扉の前後・上下のズレの調整

扉の前後の調整は固定ネジを緩め、扉を前後に動かして調整する。終わったら固定ネジを締めておく。

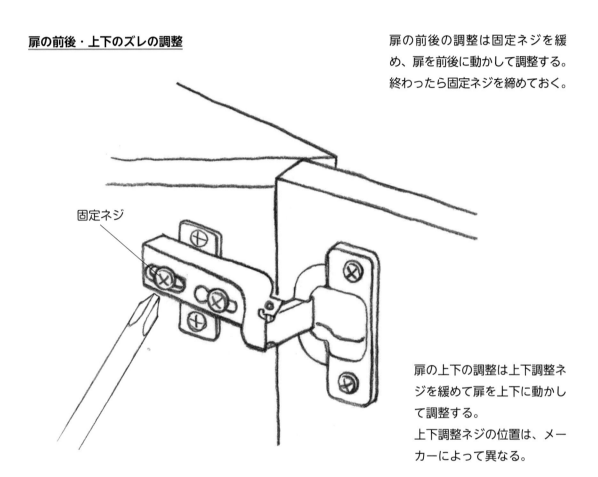

固定ネジ

扉の上下の調整は上下調整ネジを緩めて扉を上下に動かして調整する。
上下調整ネジの位置は、メーカーによって異なる。

Point!

蝶番の種類により、ネジ穴のサイズが異なるので、サイズに合ったドライバーを使用する。

違うタイプの蝶番の場合

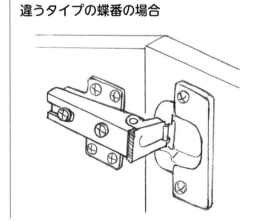

窓の戸車の交換①

サッシ窓の開け閉めがしづらいのは、ほとんどが戸車の破損によるものです。

まずはサッシを外して戸車を確認しましょう。戸車の動きが悪く、高さを合わせても直らない場合は、新しい戸車に交換することをおすすめします。

🧰 **つかう道具** 🧰

- ・メジャー
- ・戸車（同じサイズのもの）
- ＊戸車の溝の両側の縁が同じ高さであれば、はめ込み式を使用。
- ・ドライバー

■はめ込み式

1

窓枠からサッシ窓を外す。

2

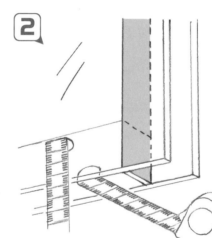

溝の幅と深さを測り、同じサイズの戸車を用意。古い戸車をマイナスドライバーで持ち上げて取り外す。

3

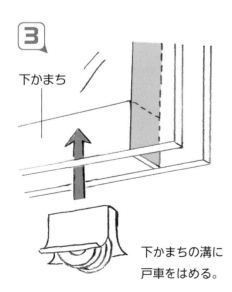

下かまち

下かまちの溝に戸車をはめる。

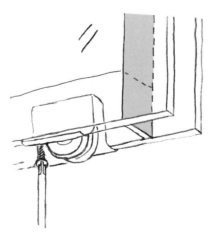

車高を調整するねじをまわし、戸車の高さを調整したら窓枠に戻す。それでもがたつきが気になれば、再度、車高を調整するねじをまわして調整する。

■拡張式

1

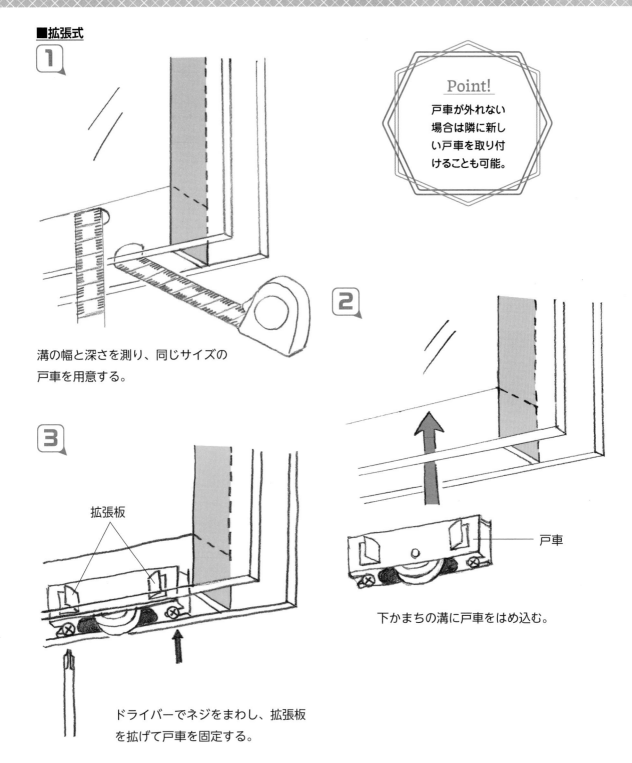

溝の幅と深さを測り、同じサイズの
戸車を用意する。

2

3

拡張板

ドライバーでネジをまわし、拡張板
を拡げて戸車を固定する。

下かまちの溝に戸車をはめ込む。

戸車

Point!

戸車が外れない
場合は隣に新し
い戸車を取り付
けることも可能。

窓の戸車の交換②

古くなった窓の戸車を新しいものに交換するとき、戸車が外れない場合は、次のようにするとよいでしょう。

🧰 つかう道具 🧰

・戸車（同じもの）
＊戸車の溝の両側の縁が同じ高さであれば、はめ込み式を使用
・ドライバー

戸車が外れない場合

1

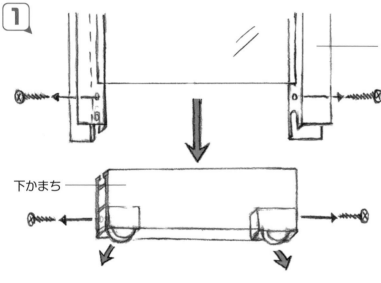

縦かまち

下かまち

縦かまちの両脇にある、下かまち接合ネジを外す。縦かまちから下かまちを引き抜く。戸車をスライドさせ、下かまちから取り出す。

2

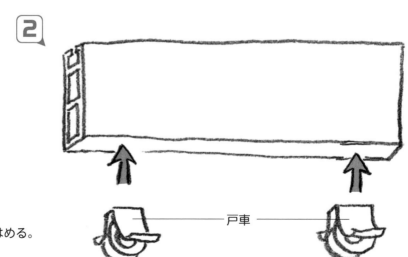

戸車

下かまちの溝に戸車をはめる。
その後縦かまちに戻す。

パート1
窓のクレセント錠の交換

窓のクレセント錠の開閉がスムーズにできなくなることがあります。

まずはネジを調整し、それでも窓がたついたり閉まらなかったりしたら、新しいクレセント錠との交換が必要です。

🧰 **つかう道具** 🧰

・ドライバー
・クレセント錠
（同サイズのもの。同じメーカーの同じ製品がベスト。古くて交換用のクレセントがない場合は、「万能クレセント」でも代用できる）

1️⃣ クレセント錠

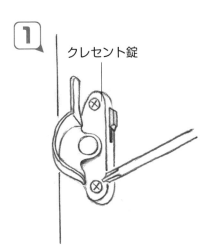

ドライバーを使い、クレセント錠を留めている下のネジを外す。

2️⃣

上のネジを緩めるだけにしておき、クレセント錠の下部を持ち上げる。

Point!

交換するとき、上下のネジをいっぺんに外すと、サッシ内部の固定版が外れてしまい、新しい錠の取り付けが困難になるので要注意。

3️⃣

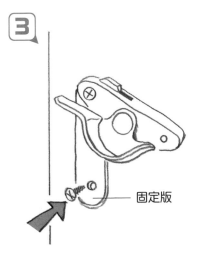

固定版

1️⃣で取り外したネジをネジ穴に入れ、サッシ内部の固定版を留めておく。

4️⃣

上のネジを緩め、クレセント錠を外す。次に新しいクレセント錠を、上のネジのみで留めておく（仮留め）。固定版に留めておいた下のネジを外し、下→上の順でネジを締め、新しい錠を留める。

網戸の全面張り替え

網戸に穴があいてしまうと、虫が入ってくるばかりか、景観も損ないます。

小さな穴は、網戸専用の補修シートを貼れば直せますが、大きな穴や破れがある場合は、全面張り替えをおすすめします。

網だけでなく、古くなった押さえゴムも、交換するとよいでしょう。

🧰 つかう道具 🧰

・ドライバー（マイナス）
・歯ブラシ
・雑巾
・網戸張り替えネット
・押さえゴム
・ワンタッチローラー
・万能ハサミ
・カッターナイフ（網戸用カッターが入手できれば使用する）
・はさみ

1 押さえゴム

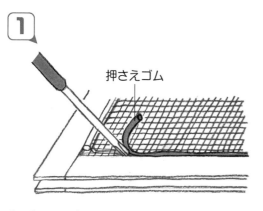

古い押さえゴムの切れ目から、ドライバーを押さえゴムの切れ目に差し込んで浮かせる。浮いたところを引っ張りながら、全体の押さえゴムを外す。

2

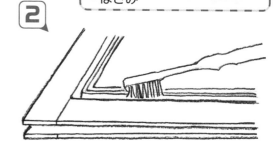

網を外し、歯ブラシで縁の溝にたまったほこりやゴミをかき出す。固くしぼった雑巾で、溝の汚れをきれいに拭き取る。

3 ワンタッチローラー　　　古いゴム

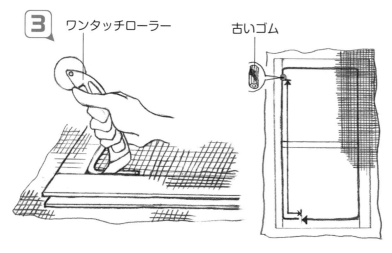

網目がまっすぐになるように網戸張り替えネットを置く。このとき、しっかり網目をそろえること。古い押さえゴムを短く切って図の●の位置に入れておき、網戸張り替えネットがずれないように仮止めする。
ワンタッチローラーを使って新しい押さえゴムを溝に入れる。

4

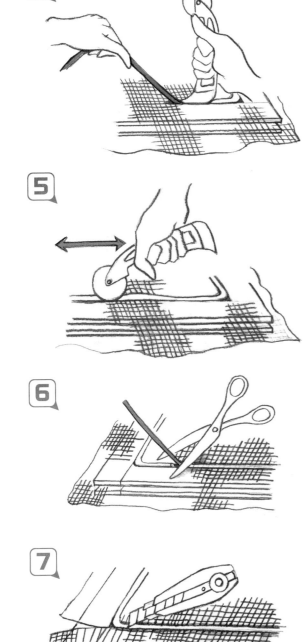

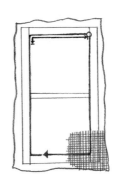

ローラーでゴムを溝にしっかりと押し込んでいく。仮止めに使用した古い押さえゴムを外す。

5

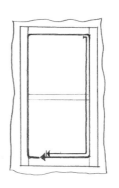

④をくり返し、最後の辺まで新しいネットを張る。このとき、網目が曲がらないように注意。張り終わったら、仮止めに使った古い押さえゴムを外す。

6

押さえゴムが一周したら、万能バサミで少し長め（2～3mm）にゴムをカット。ゴムの端を溝に押し込む。

> **Point!**
> ③のとき網戸張り替えネットを軽く引っ張りながら行なうと、きれいに張れる。

7

はみ出したネットは押さえゴムに沿って、カッターナイフで切る。

あると便利な修理のお供

古くなったモノをリメイクしたり、修理したり。そんなとき、基本の道具・工具以外にも、作業をより能率よく、安全に行なうためのグッズがあります。

⊙ ウォーターポンププライヤー

水栓のナットを、締めたり緩めたりするときに使う工具で、水栓蛇口や水洗トイレの補修の必需品。水漏れなど、急を要する場面で役立ちます。通常のプライヤーよりも口の開きが大きく、水栓ナットを挟めるのが特長。柄に樹脂カバーがついたものは握りやすく、おすすめです。

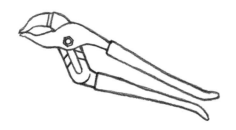

⊙ 古くなった衣服

雑巾は手袋の代わりや台拭きの代わりになります。また、古くなった衣類は水をよく吸収してくれるので、拭き掃除にも最適です。使いやすいサイズに切っておくと、かさばらずに保管することもできます。

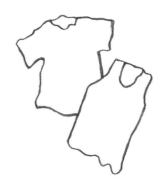

⊙ ゴム手袋

ゴム手袋には、天然ゴム製や合成ゴム製などの種類があります。天然ゴムの手袋は、柔らかく手にフィットしやすいですが、油や薬剤には弱いため、掃除や水仕事のときなどに向いています。合成ゴムの手袋は、油や薬品に強く、天然ゴムの手袋より耐久性があるので、機械整備やペンキ塗装の作業などに向いています。

⊙ 防じんマスク

粉じんなどの粒子状物質の吸入を防ぎます。取り替え式と使い捨て式の2種類があり、密着性や作業に適したサイズや重さなどを考慮して選ぶとよいでしょう。壁紙の裏や家具の上などにたまったホコリなどのアレルギーがある場合は、安全保護メガネなどを合わせて使用しましょう。

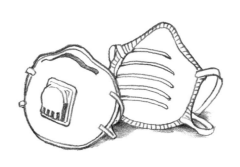

水まわりの
お手入れ

クランク付け根の水漏れ修理

水道周辺にある壁から混合栓とつながっている部分をクランクといい、パイプと混合栓とをつなぐ役目をしています。

クランクと壁の境目からの水漏れは、クランクのねじ山に巻かれたシールテープの劣化が原因で起こることがほとんど。新しいテープを巻くことで直ります。

🧰 つかう道具 🧰

- 布（タオルなど）
- ウォーターポンププライヤー
- ピンセット
- シールテープ
- ハサミ
- メモ

1 ウォーターポンププライヤー

布

ナット

クランク

止水栓を閉め、クランクと蛇口のつなぎ目にあるナットに布をかぶせるとすべらずにまわすことができる。ウォーターポンププライヤーを使い、ナットを緩める。

Point!

混合栓が外れない場合や配管が古い場合は、専門の業者に依頼する。

2

緩めたナットを手でまわし、混合栓を取り外す。

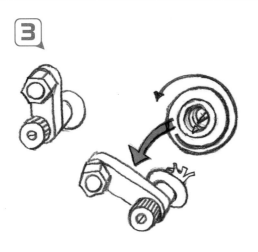

クランクを壁のネジ穴に差し込む。時計回りに締める。このとき、まわした回数をメモしておく。次に、クランクを反時計回りにまわし、壁から外す。

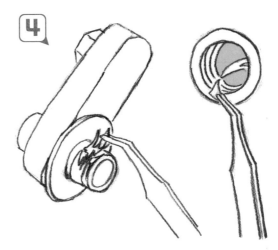

ピンセットなどを使い、クランクのネジ山や壁のネジ穴にたまったゴミを取り除く。

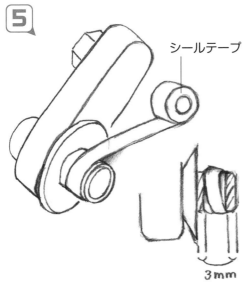

シールテープ

3mm

壁から取り外したクランクのネジ山にシールテープを7～8回巻く。指先で、巻き終わったテープの端をネジ山になじませる。このとき、ネジ山の両端から3mmほどあけて巻くとよい。

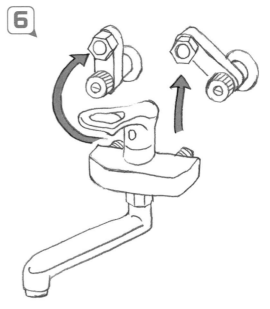

クランクを壁のネジ山に差し込んだら、③でメモした回数だけ時計回りにまわして留める。外した混合栓を元に戻し、ウォーターポンププライヤーでしっかりと締める。

混合栓を
シングルレバーに交換

一つのレバーで、水やお湯の量と温度調節が可能なシングルレバーは、ワンタッチで止水もでき、使い勝手に優れています。

シングルレバーへの取り替えは、簡単に行なうことができます。

🧰 つかう道具 🧰

- ・布（タオルなど）
- ・ウォーターポンププライヤー
- ・シングルレバーの混合栓
　（壁付きのもの）
- ・ショートクランク

1

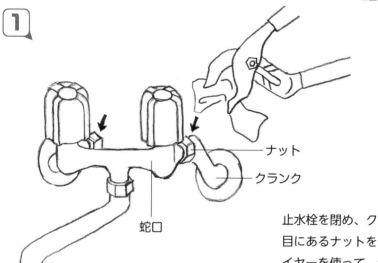

ナット
クランク
蛇口

止水栓を閉め、クランクと蛇口のつなぎ目にあるナットをウォーターポンププライヤーを使って、水側、お湯側のナットを緩める。

Point!
クランクを外さずに、混合栓を取り替えられる。

2

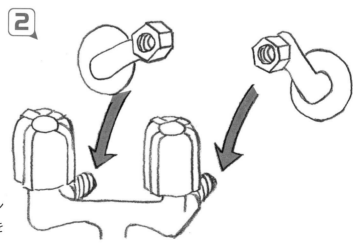

緩めたナットを手でまわし、クランクから混合栓を取り出す。混合栓を手で押さえながら行なうとよい。

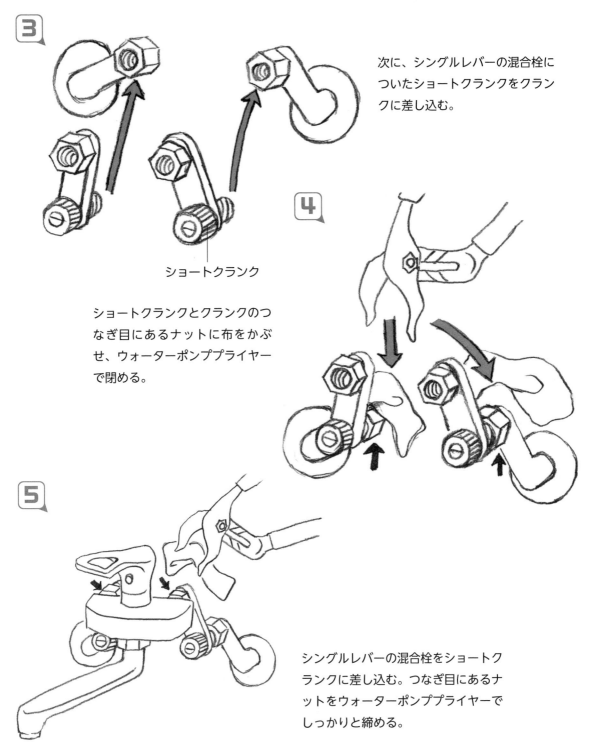

3

次に、シングルレバーの混合栓についたショートクランクをクランクに差し込む。

ショートクランク

ショートクランクとクランクのつなぎ目にあるナットに布をかぶせ、ウォーターポンププライヤーで閉める。

4

5

シングルレバーの混合栓をショートクランクに差し込む。つなぎ目にあるナットをウォーターポンププライヤーでしっかりと締める。

45

吐水パイプの水漏れ修理

吐水パイプの付け根にあるナットの緩みや、パイプ用パッキンの劣化により、吐水パイプと混合栓のつなぎ目部分から水漏れすることがあります。

まずは吐水パイプを点検し、ナットが緩んでいたら締めること。それでも水漏れする場合は、中のパッキンを取り替えましょう。

🧰 つかう道具 🧰

- ・布（タオルなど）
- ・ウォーターポンププライヤー
- ・パイプ用パッキン

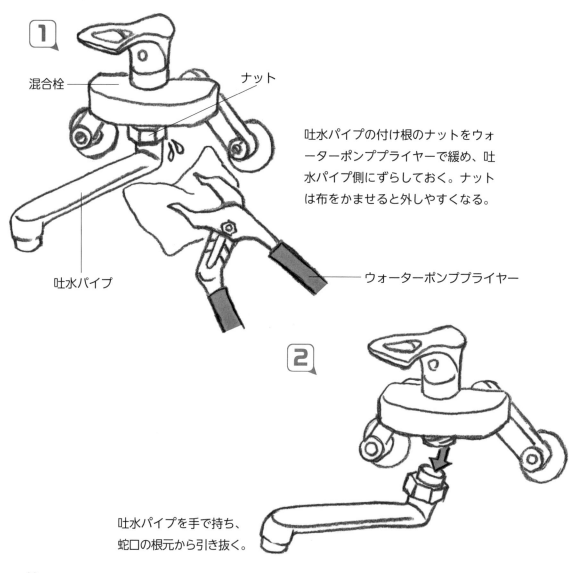

1

混合栓

ナット

吐水パイプ

ウォーターポンププライヤー

吐水パイプの付け根のナットをウォーターポンププライヤーで緩め、吐水パイプ側にずらしておく。ナットは布をかませると外しやすくなる。

2

吐水パイプを手で持ち、蛇口の根元から引き抜く。

3

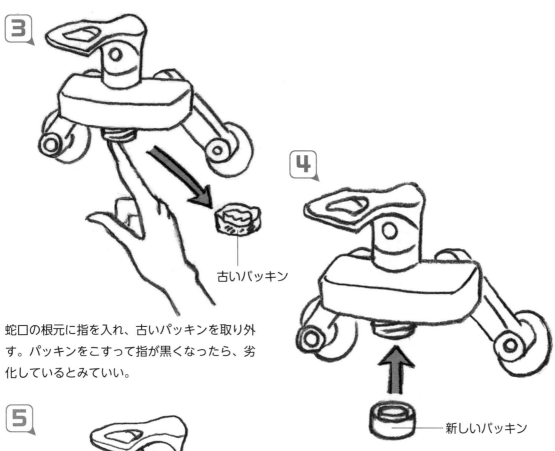

古いパッキン

蛇口の根元に指を入れ、古いパッキンを取り外す。パッキンをこすって指が黒くなったら、劣化しているとみていい。

4

新しいパッキン

新しいパイプ用パッキンの溝があるほうを上にして、蛇口の根元に差し込む。

5

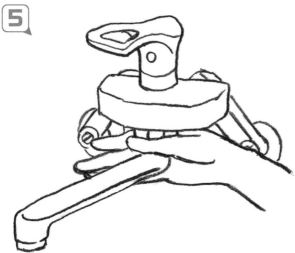

根元に、吐水パイプを装着する。ナットをもとの位置に戻したら、まずは手でまわして締める。最後に布をかぶせてウォーターポンププライヤーでしっかりと締める。

Point!
混合栓のパイプ用パッキンのサイズには大小があるので、購入時は現物を持参するとよい。

ハンドルからの水漏れを修理

水道の蛇口のハンドルから水が漏れ出すことがあります。これは、蛇口の中にある、ナットの三角パッキンの劣化によるものがほとんど。

三角パッキンを新しいものに交換することで、水漏れを直すことができます。

🧰 つかう道具 🧰

- ・ドライバー
- ・布（タオルなど）
- ・三角パッキン
- ・ウォーターポンププライヤー

カラーキャップ

①

② マイナスドライバーを使い、ナットの中の三角パッキンと、パッキン受けを取りを出す。

三角パッキン

パッキン受け

止水栓を閉め、蛇口をひねって水を抜く。蛇口を開けたまま、ハンドルのカラーキャップをマイナスドライバーで浮かせる。ハンドルのネジを緩めて外し、ハンドルを外す。
ナットに布をかぶせて、ウォーターポンププライヤーでナットを緩め、手でまわして外す。

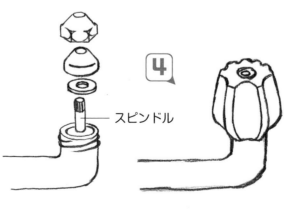

蛇口についている軸（スピンドル）に、取り出したパッキン受けを差し込む。三角パッキン、ナットの順で差し込む。

スピンドル

④ 取り外したときと逆の手順で、ハンドルやネジを装着する。

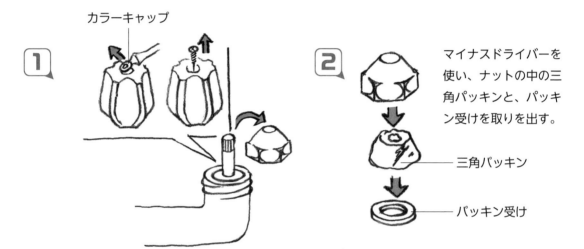

排水トラップの水漏れ直し

下水管から室内に悪臭が上がってきたり、虫が侵入するのを防ぐため、＜トラップ＞という仕組みが備わっています。

キッチンや洗面台の排水トラップのつなぎ目から水漏れを発見したら、まずつなぎ目のナットの緩みを確認しましょう。緩みのある場合は、締めれば水漏れをストップできます。

🧰 つかう道具 🧰

・雑巾
・差し込みパッキン
・トラップ用平パッキン

Point!

専門の業者に依頼すると、安くても8,000円はかかる。これを自分で行なうと、約330円でできる。

1

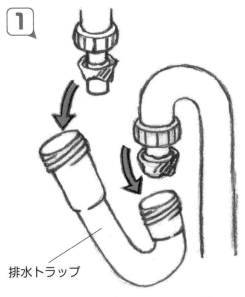

排水トラップ

上部と下部のつなぎ目のナットを、手で反時計回りにまわし、排水トラップを外す。

2

上部のつなぎ目の古いパッキンを外したら、雑巾で汚れを拭き取る。
次に新しい差し込みパッキンを、パイプに差し込む。このとき、広がっているほうを上にして差し込む。

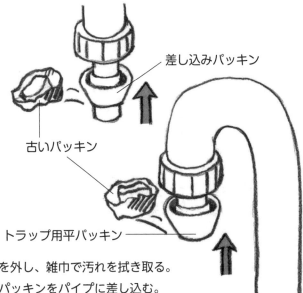

差し込みパッキン

古いパッキン

トラップ用平パッキン

3

同じように、下部のつなぎ目の古いパッキンを外し、雑巾で汚れを拭き取る。
広がっているほうを上にして、トラップ用平パッキンをパイプに差し込む。
最後に、1で緩めたナットを締め、排水トラップを取り付ける。

シャワーヘッドの交換

シャワーの水の出が悪くなるのは、ヘッドの目詰まりが原因であることが多く、針などをシャワーヘッドの穴に差し込んで掃除します。

水もれの主な原因は、各部分のパッキンが傷んでいることがほとんど。ホースやヘッドを外し、新しいパッキンに交換しましょう。

🧰 つかう道具 🧰

・新しいシャワーヘッド
（メーカーとサイズを確認）
＊各メーカーに対応したアダプターが数個ついたものを購入するのがベスト。

1

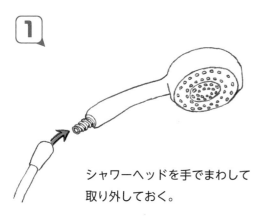

シャワーヘッドを手でまわして取り外しておく。

2

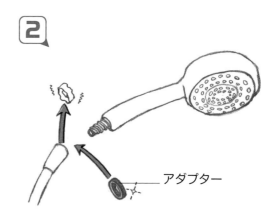

アダプター

取り付けるときは外した方法と逆方向にまわす。ただ、ホースのメーカーと違うシャワーヘッドに替える場合は、ネジサイズの合ったアダプターを付ける。

3

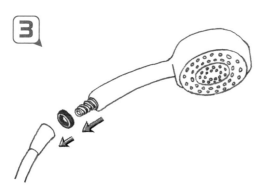

外したシャワーヘッドをシャワーホースに装着したら、水が出るか確認する。

Point!

最近は節水機能やマッサージ機能付きなど、いろいろなシャワーヘッドがあり、好みのタイプを選ぶとよい。

シャワーホースの交換

結合部分にあるパッキンの劣化により、シャワーホースの根元やシャワーヘッドのつなぎ目から、水が漏れ出すことがあります。

穴があいたり、カビによって黒ずんできたりしたら、迷わず取り替えましょう。

ホースは、ゴム製よりも耐久性にすぐれたステンレス製がおすすめです。

🧰 つかう道具 🧰

・ウォーターポンププライヤー
・新しいシャワーホース
（どのメーカーにも対応している便利な汎用品があります。）

Point!

ホースはゴム製より、耐久性にすぐれたステンレス性がおすすめ。

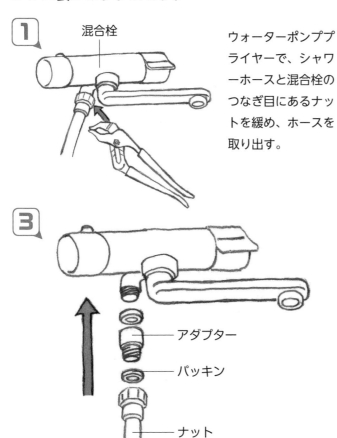

1 混合栓

ウォーターポンププライヤーで、シャワーホースと混合栓のつなぎ目にあるナットを緩め、ホースを取り出す。

2 シャワーヘッドを手でまわして取り外す。

3
アダプター
パッキン
ナット

混合栓とシャワーヘッド、それぞれのサイズに合ったアダプターを取り付ける。アダプターにシャワーホースを装着したら、ナットをウォーターポンププライヤーでしっかり締めて取り付ける。

4 外したシャワーヘッドをシャワーホースに装着し、水が出るかどうか確認する。

温水洗浄便座の設置

「温水洗浄便座」は、今や公共施設のトイレにまで普及しています。

　自分だけで設置するのは難しそうですが、便座交換だけならば、簡単に取り付けできます。

🧰 つかう道具 🧰

- スパナまたは
  モンキーレンチ
- 水栓ドライバーまたは
  マイナスドライバー

1

購入前に、使用中の便座の寸法を図り、標準型か大型か、いずれかの温水便座を入手する。

2

固定ナット

モンキーレンチ

固定ナット

Point!
賃貸物件の場合は、設備交換をする前に大家さんや管理会社の許可を取ることが原則。

止水栓を時計回りに閉めたら、水を流してタンク内を空にする。次にスパナかモンキーレンチで固定ナットを緩め、給水管や古い分岐金具を外しておく。

3

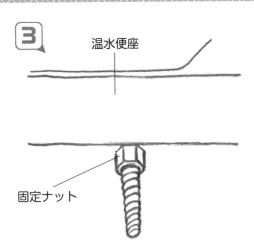

温水便座

固定ナット

付属の分岐金具にパッキンを入れ、水栓に取り付けたら、続いてタンクの給水管を取り付ける。それから便器下の固定ナットを緩めて、古い便座を取り外す。

4

新しい便座のボルトを、便座取り付け穴に入れる（メーカーにより寸法は異なる）。
次に便座取り付け穴にゴムブッシュを入れて、ナットを緩く取り付け、便座を仮止めする。

5

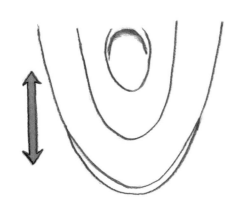

便座を前後に動かし、便器と便座の前端がそろうように位置を調節する。ナットをしっかりと締めて、ずれないように固定する。

6

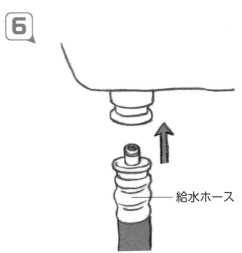

給水ホース

便座と分岐金具に給水ホースを差し込んでつなぐ。
このとき、外れ防止のクイックファスナーをクリップが外れないように取り付ける。最後にアース線と電源をつなぐ。

排水管のつまり直し

排水管にゴミや油、ぬめりなどが詰まると、流れが悪くなり、強い臭いがしてくることがあります。

そんなときは、まずは市販の排水管洗浄剤を使います。パイプ内部に油がこびりついて、内径が狭くなった場合は、大量の熱湯を注いでみてもよいでしょう。

それでも詰まりが解消しないときは、パイプクリーナーを使ってみることをおすすめします。

🧰 つかう道具 🧰

・ゴム手袋
・パイプクリーナー

Point!

キッチンの排水管の詰まりは「油」が最大の原因。熱湯か微生物分解酵素剤を流し、油分を取り除くことで予防できる。

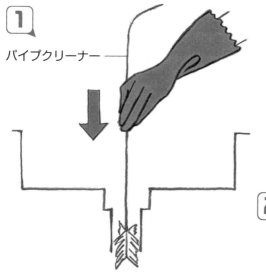

1 パイプクリーナー

ゴム手袋をはめたら、パイプクリーナーのブラシがついているほうを、排水口に差し込む。

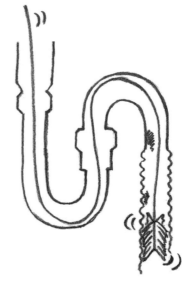

2

パイプクリーナーを上下に動かして、汚れを取る。

トイレの水が 出ない場合の対処法

水洗トイレのトラブルのほとんどは、洗浄水をためておくタンク内に原因があります。まずは、一般家庭に多い「ロータンク」タイプの給水と排水の仕組みを知っておくことです。

レバーをまわしても水が流れないとき、タンク内に水がないときは、給水が止まります。浮き玉が引っかかっているか、ピストンバルブの動きが悪くなっていることが考えられます。

つかう道具

- ペンチ
- サンドペーパー（600番程度）
- ブラシ
- ドライバー

Point!

タンクに水がたまっている場合は、レバーとゴムフロートをつなぐ鎖（くさり）が、外れたか切れたかが原因だと考えられる。

浮き玉の位置調整

1

上から見た図

浮き玉

タンクの壁に浮き玉が引っかかっていると、ピストンバルブが開かず、給水されない。

2

支持棒

ナット

浮き玉

支持棒のナットを緩めたら、支持棒ごと浮き玉を取り出す。ペンチで支持棒を曲げて調整する。

ピストンバルブの清掃

1

浮き玉に問題がない場合は、ピストンバルブの清掃をする。固定ネジを外したら、アームを支持棒のほうに引いてピストンバルブを抜く。

固定ネジ

固定ネジ

2

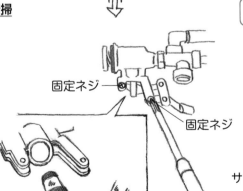

サンドペーパーで、ピストンバルブの水アカや汚れを落とす。さらに、ブラシで可動部分の汚れもこすり落とす。

トイレの水が 止まらない場合の対処法

水洗トイレの水が止まらないとき、レバーに異常がなければ、止水栓を閉めて様子をみます。

それでも水が止まらない場合、ゴムフロートの摩耗や破損が疑われます。止水栓を閉めて水が止まるようなら、浮き玉とボールタップを確認してください。

🧰 **つかう道具** 🧰

- ・モンキーレンチ
- ・バケツ
- ・タオル
- ・新しいパッキン

Point!
レバーが戻らない場合、タンクのふたを開けて、レバーの軸に潤滑スプレーをかけるとよい。

浮き玉の修理

1

浮き玉

浮き玉が外れたり、穴などの破損が見られる場合に水が止まらなくなる。

2

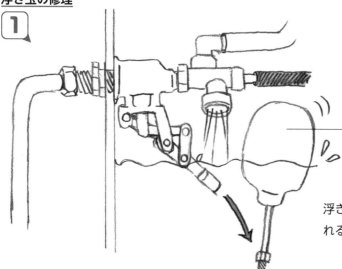

浮き玉が外れている場合は、しっかりと固定する。破損している場合は新しいものに交換する。

ボールタップの交換

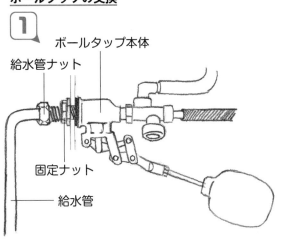

1

給水管ナット
ボールタップ本体
固定ナット
給水管

パッキンを交換しても水が止まらないときは、ボールタップ本体を交換する。モンキーレンチとバケツ、タオルを用意。

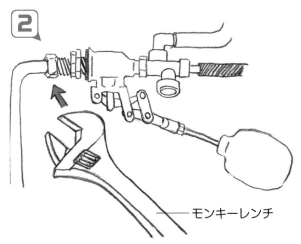

2

モンキーレンチ

止水栓を閉めて水を流し、タンク内をからにする。給水管ナットを緩めて給水管を取り外す。

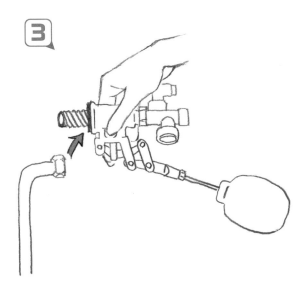

3

固定ナットを外したら、内側からボールタップを引き抜く。取り付けるときはパッキンの入れ忘れに注意。

ボールタップの修理

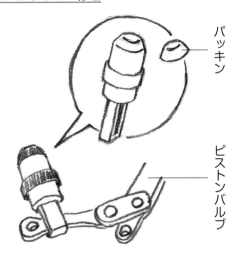

パッキン
ピストンバルブ

浮き玉に異常がない場合はボールタップの故障が考えられるため、ピストンバルブを取り出してみる。上部のパッキンが摩耗していたら、新品に交換する。

柱の探し方

壁に釘を打ち込む際、壁の中が空洞になっていてうまく取り付けられないことがあります。下地センサーと下地探しは、釘の打ち込み場所を探すときや、つっぱり棒を固定する際の間柱探しに便利です。

⊙ 下地センサーとは

日本の住宅の壁は、9割が間柱などの下地に石膏ボードを取り付けて作られています。石膏ボードはもろくて崩れやすいので、壁に時計などを取り付ける場合、そのまま釘を打ち込んでも固定できないかもしれません。壁の裏側にある柱の位置を簡単に見つけてくれるのが、下地センサーです。

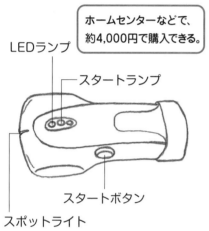

ホームセンターなどで、約4,000円で購入できる。

LEDランプ
スタートランプ
スタートボタン
スポットライト

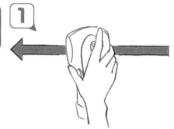

1 下地センサーを壁に当て、スタートボタンを押したまま、壁から離さずスライドさせます。赤いランプが点灯し、ブザー音が鳴った位置に柱があります。付箋などで印をつけます。

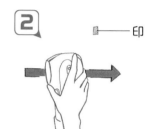

←印

2 逆方向から再びスタートボタンを押しながら、印をつけた方向へスライドさせ、反応があったところに印をつけます。2つの印の間が柱です。

⊙ 下地探し

中心部から針が出てくる仕組みになっており、手応えで下地を探すことが可能です。針の長さには25mm、35mm、45mmの3種類があります。細めの針を使用しており、壁の穴も目立たないようになっています。鉄骨や配線を傷つけないよう、マグネットがついているタイプもあります。

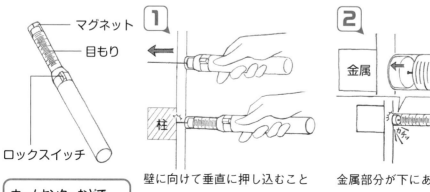

マグネット
目もり
ロックスイッチ

ホームセンターなどで、約1,000円で購入できる。

1 壁に向けて垂直に押し込むことで針が刺さり、刺さった感触があればそこに柱があります。

金属

2 金属部分が下にある場合はマグネットが反応します。配線などを傷つけないようにしましょう。

家具や衣類など
モノのお手入れ

衣装ケースの
ひび割れ補修

収納ケースとして使うプラスチックケースは、少しのヒビ割れなら専用の補修テープで簡単に直すことができます。テープには、プラスチックとの相性が良い粘着剤が使われています。

🧰 **つかう道具** 🧰

・雑巾
・プラスチック用補修テープ
・ハサミ

1

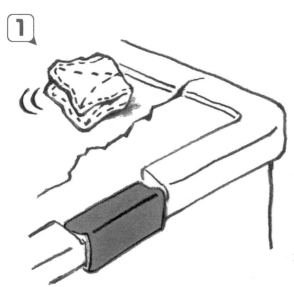

Point!
ケースに凹凸がある場合は、テープとの間にすき間ができないように、ヘラで押さえ込みながら貼り付ける。
表面だけでなく、裏面からも同様にテープを貼り付けると、より強度が増す。

ケースのヒビ割れ部分を雑巾で軽く拭く。汚れやほこりがついていると、粘着力が弱まるので、汚れがある場合は取り除く。

2

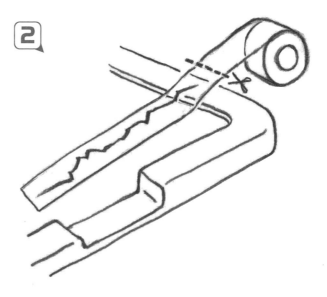

ヒビ割れ部分の上から、少し長めにプラスチック用補修テープを貼り、ハサミでカットする。
空気が入らないように、しっかり貼り付ける。

傘のダボの補修

　強風で傘の骨が折れたり、外れてしまった場合、あきらめて捨てていませんか。折れた骨を修理すれば、また使えるようになります。

🧰 **つかう道具** 🧰

- ・ラジオペンチ
- ・ダボ
　（ホームセンターなどで購入可能）
- ・針金18番

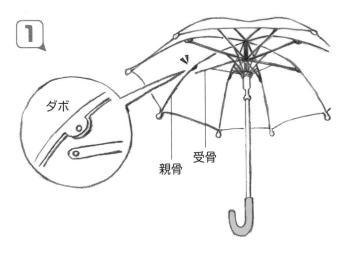

1

ダボ

受骨

親骨

受け骨が曲がっている場合は、ラジオペンチで直す。

Point!
古いダボと新しいダボの穴の高さが合わなければ、古いダボをニッパーで切り取ってしまいましょう。

2

受骨

親骨

爪

ダボ

ラジオペンチ

ダボの爪の部分が受骨の側にくるよう取り付ける。爪の部分をラジオペンチで曲げる。

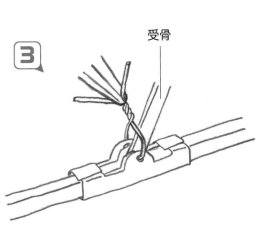

3

受骨

ダボの内側に受骨の先を差し込む。受骨の穴と新しいダボの穴を合わせ、針金を通す。ラジオペンチで針金をねじって留める。

引き出しの前板の付け直し

机や洋服ダンス、収納ボックスの引き出しを外れたまま使い続けたりしていませんか。外れた前板をガムテープなどで貼り合わせて使っていると、接続部分のダボ（木ネジのような突起）が痛んで、修理が難しくなってしまいます。

前板がずれたり外れたりしたら、すぐに補修しましょう。

つかう道具

- ・雑巾
- ・サンドペーパー（120〜240番）
- ・木工用接着剤またはエポキシ接着剤
- ・重し or ひも

Point!
木工用接着剤は、多めにつける。

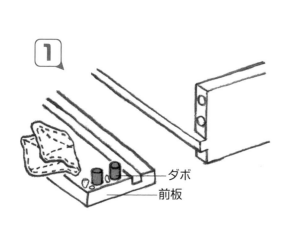

ダボ
前板

前板のダボが折れたり欠けたりしていないかを確認し、雑巾でほこりなどを拭き取る。

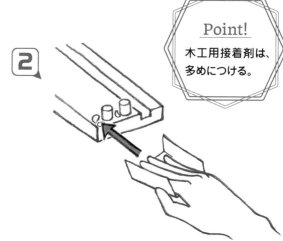

引き出しの縁や、前板のダボや縁に付いている古い接着剤を、サンドペーパーで取り除く。

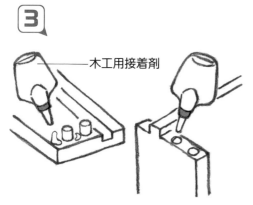

木工用接着剤

引き出しのダボを差し込む穴や、前板の縁に、木工用接着剤を付ける。

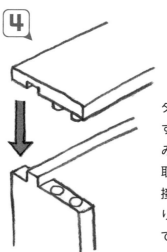

ダボと穴を合わせ、接着する。木工用接着剤がはみ出したら、雑巾で拭き取る。
接着部分に重しをしたり、ひもで縛って乾くまで固定する。

パンツのすそ上げ

すそを裁断し、折り上げてまつる簡単な方法です。パンツだけでなくスカートやシャツなど、すべての服に共通して行なえるので、やり方を覚えておくと便利です。

つかう道具

- チャコペンシル
- 定規
- 糸
- 針
- マチ針
- ハサミ
- アイロン
- ミシン

1

チャコペン

しつけ糸

パンツのすそからすそ上げしたい長さを測り、表にチャコペンシルででき上がり線を引く。線に沿って、しつけ糸で印を付ける。

2

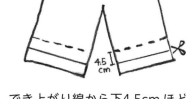

4.5cm

でき上がり線から下4.5cmほどの折りしろを取って、チャコペンシルで裁断線を引き、裁断する。

Point!

チャコペンシルが書きにくい素材の場合は、定規で測りながらしつけ糸をするとよい。

3

糸のほつれ防止のため、裁断したすそにジグザグにミシンをかける。

4

ウラ面

糸を抜く

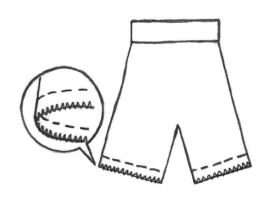

パンツを裏返し、でき上がり線に沿ってすそを折る。アイロンをかけ、マチ針で留める。
脇の縫いしろからまつり縫いをし、1のしつけ糸を取り除く。

スカートの ウエストゴム直し

スカートのウエストのゴムが伸びきってしまったら、新しいゴムに入れ替えましょう。ここでは、ギャザースカートのゴムを入れ替えます。

まずは、ウエストの裏のゴム通し口を探すことから始めます。

つかう道具

- ・ゴム（同じくらいの太さ）
- ・ゴム通し
- ・リッパー
- ・裁ちバサミ
- ・マチ針
- ・ミシン

1

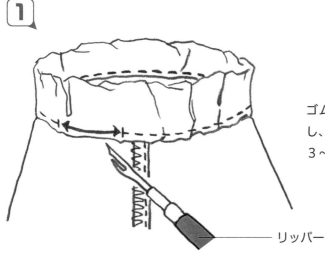

リッパー

ゴムの通し口が縫われている場合は、裏返し、リッパーを使ってウエスト脇の縫い目を3〜4cm程ほどき、ゴムの通し口をつくる。

2

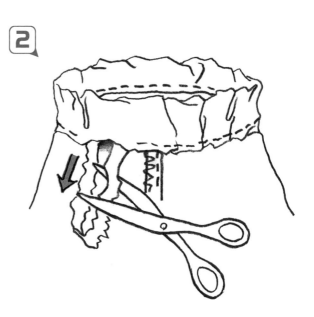

ゴムの通し口から古いゴムを抜き、切って引き取る。

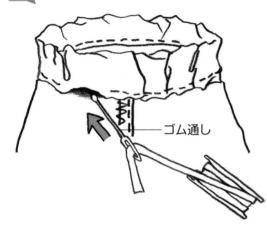

ゴム通し

ゴム通しに、適当な長さの新しいゴムを通し、スカートのゴム通し口から入れていく。ゴムがねじれないよう、引っ張りながら作業するのがコツ。

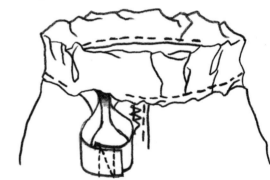

ゴムを通し終わったところで、もう一度ゴムがねじれないよう、ていねいに手で伸ばし、ゴムの端と端を2～3cm重ねてミシンで数回、往復して縫う。

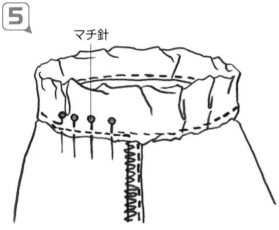

マチ針

布の端を少し内側に入れて、ゴム通し口をマチ針で留める。もとの縫い目のとおりにミシンで縫えばできあがり。

Point!
ゴム通しで通すゴムの長さは、ウエストより5cm短いくらいがベスト。

ジーンズの すり切れ直し

ジーンズがすり切れてしまったら、似た色のデニム生地を使って補修しましょう。直した部分が目立たないよう、紺色などの糸で縫うのがベストです。

🧰 つかう道具 🧰

- ・似た色のデニム生地
- ・針（太めのもの）
- ・糸（ジーンズに近い色）
- ・接着剤
- ・タオル
- ・アイロン
- ・目打ち
- ・ミシン

1⃣

ウラ面

似た色のデニム生地を用意し、穴の大きさより1.5cm大きく切る。

ジーンズを裏返しにし、すり切れた箇所に接着剤を付け、別布を置いてしつけをかける。

ジーンズを表に返し、ほつれた糸をすり切れの真ん中に集め、目打ちで整える。ここに固くしぼったぬれタオルをあてて、アイロンをかける。

Point!

すり切れ部分を丈夫にするため、タテ・ヨコの順にできるだけ細かくシグザグ縫いする。

2⃣

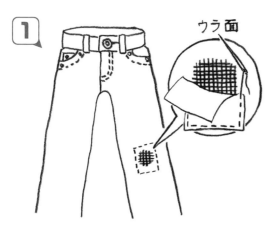

すり切れ部分の周りを、ミシンで一周縫う。

3⃣

N ── 縫う方向 ── S

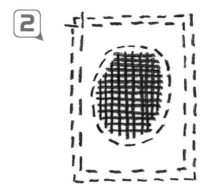

すり切れ部分を、タテ・ヨコの順に細かくジグザグに縫う。

裏に返して、大きく切った別布の角を丸く切りそろえる。

パンプスの
お手入れ

オシャレは足元から──。どんなにオシャレをしても、足元を見てがっかり、などということのないよう靴のお手入れにも気を使いたいもの。

ここでは、型くずれしやすいパンプスを長持ちさせるお手入れ方法を紹介します。

🧰 つかう道具 🧰

・靴ブラシ
　（なければ歯ブラシでも）
・布（2枚）
・靴クリーム

1

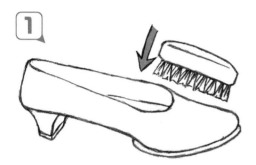

ブラシでホコリや汚れを払う。とくにホコリのつきやすい部分は念入りにブラッシングする。

Point!

ブラッシングは使用のたびに。1、2週間に1度、お手入れをすれば長持ちする。

2

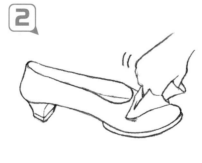

パンプスについた汚れを拭き取る。パンプスの色を損なわないよう、力を入れずにやさしく拭くのがコツ。

3

布に靴クリームを適量とり、全体に薄く塗りながらていねいに伸ばしていく。

4

使っていない布で、パンプス全体を磨き上げるように拭く。余分な靴クリームや汚れを取ることで、ツヤが出る。

67

スニーカーの
お手入れ

スニーカーは、今やオシャレの必須アイテム。人気の白や薄めのカラーなどは、汚れが目立ってしまうと、その本領を発揮できません。

きれいな状態を保つには、まめにお手入れすることが大切です。

🧰 つかう道具 🧰

- 防水スプレー（布・革用）
- 中性洗剤
  （できればオシャレ着用）
- 靴ブラシかメラミンスポンジ
- 洗面器かバケツ
- やわらかいタオル
- ゴム手袋
- 洗剤

1

20～30cm

まだきれいなうちから防水スプレーをかけ、コーティングすることを心がける。スニーカーから20 ～ 30cm離して、全体に拭きかけ、風通しの良い場所で乾燥させる。

2

ヒモと中敷きを外し、全体の汚れを軽く落とす。砂などがたまりやすいラバーと布の間は、歯ブラシを使う。メラミンスポンジもおすすめ。

3

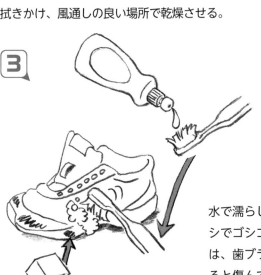

水で濡らしたスニーカーを、中性洗剤とブラシでゴシゴシとこすり洗いする。細かい部分は、歯ブラシを使う。ゴムの部分は強くこすると傷んでしまうので要注意。

4

洗面器などに水をため、何度も水を変えながら、すすいでいく。洗剤が残っていると、黄ばんでしまうので、ブラシなどでしっかり落とすとよい。

5

ゴム手袋

タオルや雑巾を挟み込んだり、押し付けるようにして水分を拭き取っていく。臭いの原因とならないよう、水気をしっかり取る。

Point!
脱水機で乾かす方法は、型崩れの原因になるので、新聞や布などを詰めてかけるとよい。

6

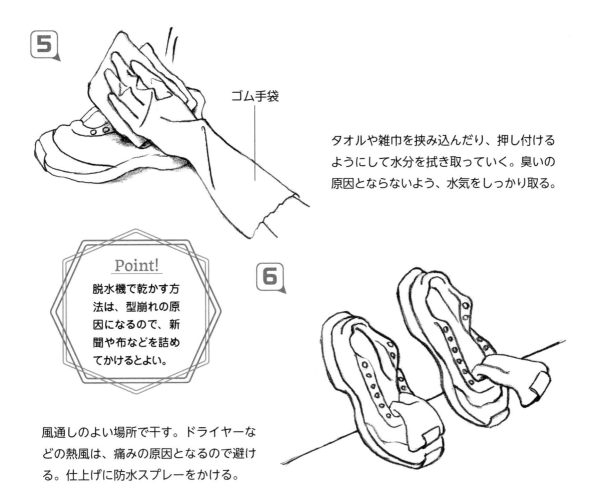

風通しのよい場所で干す。ドライヤーなどの熱風は、痛みの原因となるので避ける。仕上げに防水スプレーをかける。

効かなくなった
リモコンの修理

リモコンは、長年の使用でボタンの反応が悪くなることがあります。内部にホコリや汚れがあると、接触不良が起きやすいので、まずは、ボタンの接点を洗浄してみましょう。それでも改善しなければ、ボタンの接点にアルミテープを貼り付ける方法もあります。

🧰 **つかう道具** 🧰

- ・ヘラ
- ・ドライバー
- ・歯ブラシ
- ・綿棒
- ・無水エタノール
- ・アルミテープまたは
  アルミホイル
- ・接着剤または両面テープ
  （アルミホイルを使う場合）

1

リモコンの電池を抜く。ネジなどで固定されている場合は、すべて取り外す。

Point!

リモコンがしっかりと固定されていて開かない場合は、合わせ目部分に切り込みを入れると開きやすくなる。

2

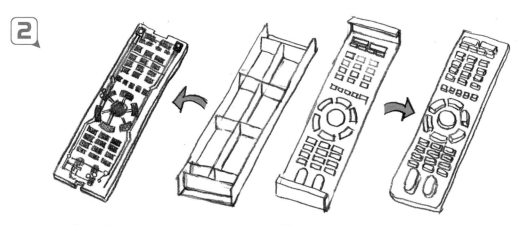

リモコンの合わせ目にヘラやマイナスドライバーを差し込み、
基板を傷つけないように、ツメを外しながら開く。
基板を固定しているネジがある場合は取り外す。

3 歯ブラシと綿棒を使って、ケース、ボタンの表側を掃除する。汚れがひどい場合は水洗いをする。接点とボタンの裏側は、無水エタノールや専用クリーナーを綿棒につけて、全体を何度かこすって汚れを落とす。

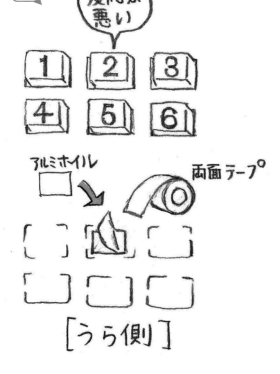

4 洗浄してもリモコンの反応が改善されない場合は、反応が悪いボタンの裏側に、ボタンの形にカットしたアルミテープを貼り付ける。アルミホイルは接着剤や両面テープを使って接着してもよい。

DVD が出てこなく なったときの対処法

DVD プレイヤーや、パソコンなどで DVD や CD が出てこなくなったことはありませんか？
　上ぶたを外せば DVD を取り出せることもあるので、力業で引き抜く前に一度試してみましょう。

🧰 **つかう道具** 🧰

・ドライバー
・定規
・両面テープ
・クリップ

1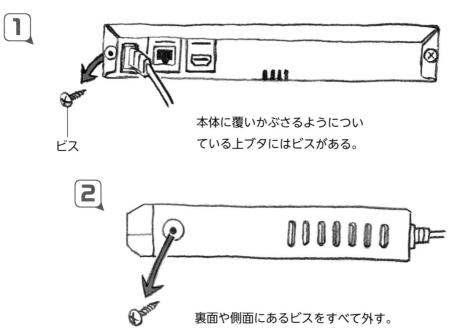

ビス

本体に覆いかぶさるようについている上ブタにはビスがある。

2

裏面や側面にあるビスをすべて外す。

3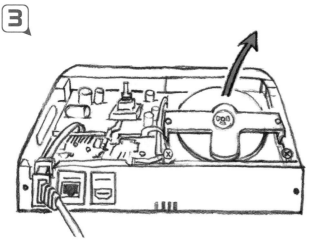

上ブタを外して DVD を取り出す。トレーがあるタイプの DVD プレイヤーはゴムの劣化によってトレーが動かなくなっている場合がほとんど。ゴムを拭くことで復活する。

パソコンやラップトップの場合

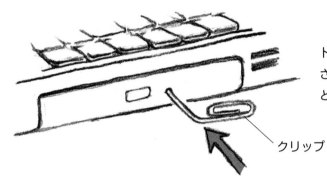

トレーが開かなくなったときのために小さな穴があいている。そこにクリップなどを差し込むと開く。

クリップ

詰まっている場合

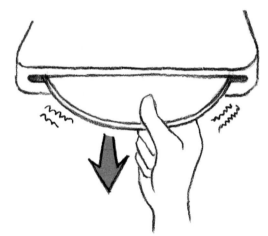

引っ張ってみて何かが引っかかっているようなら、内部の故障もあり得るので修理に出す。

車のカーステレオなどの場合

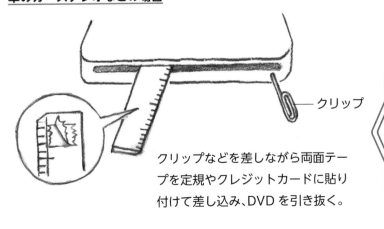

クリップ

クリップなどを差しながら両面テープを定規やクレジットカードに貼り付けて差し込み、DVDを引き抜く。

Point!
DVDプレイヤーなどの再生機器は精密機械なので、上記の方法がダメなら修理に出す。

エアコンの水漏れ修理

エアコンは温かい空気を冷たい空気に変えて室内に送り込み、その際に結露が発生します。通常、結露はドレンホースを通って室外に排出されますが、ホースが正常に機能しないと、エアコン内に流れ込んでしまい、水漏れが発生します。

🧰 **つかう道具** 🧰

・掃除機
・ドレンホース用クリーナー

1

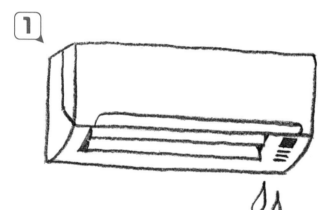

フィルターの汚れが原因の場合もあるので、まずはエアコンのカバーを外し、汚れを確認する。汚れている場合は、フィルターを外し、掃除機でほこりを吸い取る。ひどい場合は水洗いをする。

2

1を試しても水漏れが直らない場合は、ドレンホース内に汚れがたまっている可能性がある。
ドレンホース用クリーナーをドレンホースの先端部分に差し込む。クリーナーのレバーを引く。

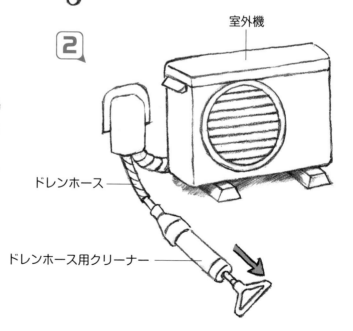

室外機

ドレンホース ——

ドレンホース用クリーナー ——

Point!

ドレンホースにクリーナーを差し込んだまま、クリーナーのレバーを押し込むと、汚れがホース内に逆流してしまうため、クリーナーはホースから外したあとに汚れを押し出すようにする。

一度ホースからクリーナーを外し、クリーナーのレバーを押し込んで汚れを排出する。汚れが出てこなくなるまで、これをくり返す。

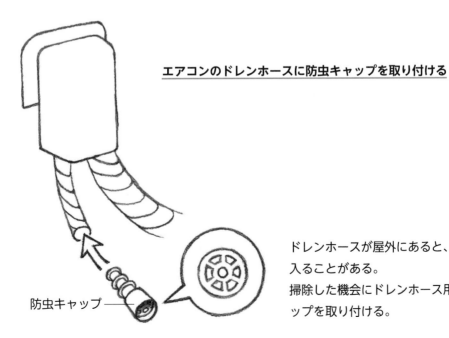

エアコンのドレンホースに防虫キャップを取り付ける

防虫キャップ ──

ドレンホースが屋外にあると、汚れや虫が入ることがある。
掃除した機会にドレンホース用の防虫キャップを取り付ける。

自転車のブレーキ調整とパンク修理

　自転車のブレーキは、ワイヤーの伸びやゴムパッドのすり減りにより、効きが緩くなってきます。パンクは小石や段差などの衝撃によって起こります。転倒や衝突などの事故につながらないよう、定期的に点検し、整備しましょう。

🧰 つかう道具 🧰

- ・10mm スパナ
- ・ゴムのり
- ・ゴムパッチ
- ・カナヅチ
- ・サンドペーパー
- ・洗面器
- ・雑巾
- ・自転車用フロアポンプ
- ・タイヤレバー

＜ブレーキ調整／前輪＞

1

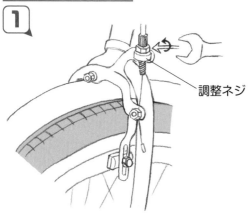

調整ネジ

スパナで、ブレーキワイヤーを留めているナットを反時計回りにまわして緩め、調整ネジを動かせるようにする。

2

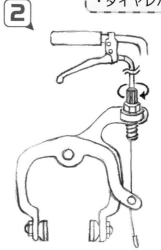

調整ネジを時計回りにまわすと、ブレーキのゴムパッドの間隔が狭くなる。ハンドルを半分くらい握ってブレーキの効きをみながらネジの位置を調整する。1で緩めたナットをスパナで締める。

＜ブレーキ調整／後輪＞

1

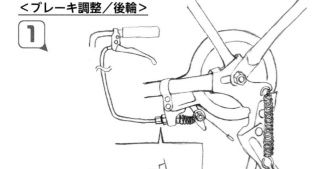

前輪と同様に、スパナでナットを緩める。調整ネジをまわし、ハンドルを半分握ったときブレーキが効くように調整する。

2

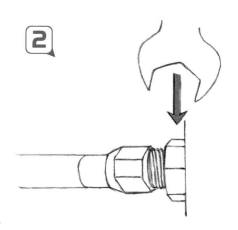

ナットをスパナで締める。

自転車のパンク修理

①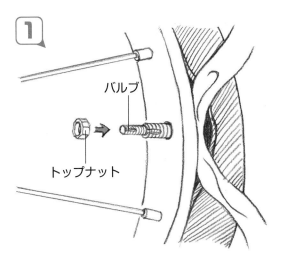

バルブ

トップナット

バルブについているゴムキャップを外し、
トップナットを手でまわして外す。

Point!

パンクをしていないのに、
空気がすぐ抜けてしま
う場合は、ゴムキャップ
（虫ゴム）の劣化の可
能性がある。キャップ
を交換することで解決
できる。

②

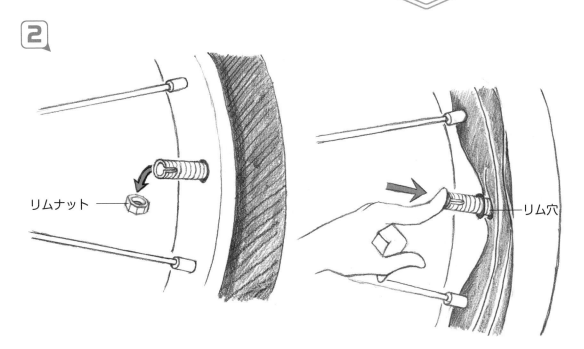

リムナット

リム穴

リムナットを手でまわして外し、リムの穴からバルブ本体を外す。

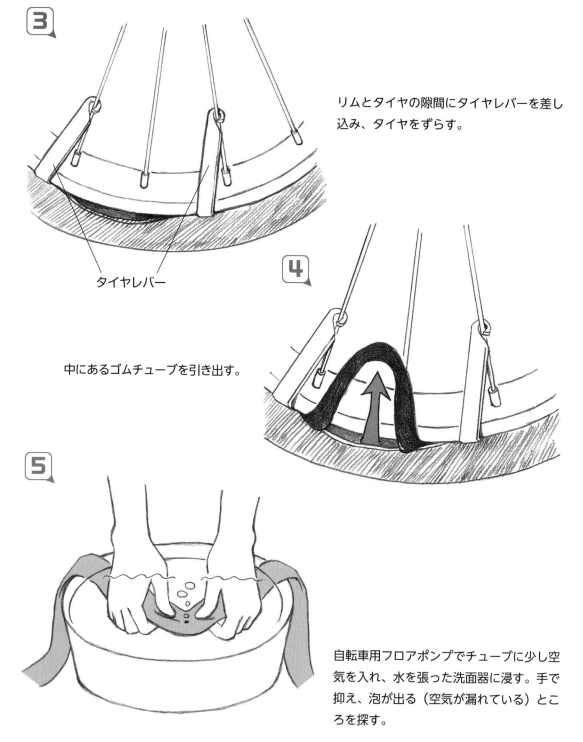

リムとタイヤの隙間にタイヤレバーを差し込み、タイヤをずらす。

タイヤレバー

中にあるゴムチューブを引き出す。

自転車用フロアポンプでチューブに少し空気を入れ、水を張った洗面器に浸す。手で抑え、泡が出る（空気が漏れている）ところを探す。

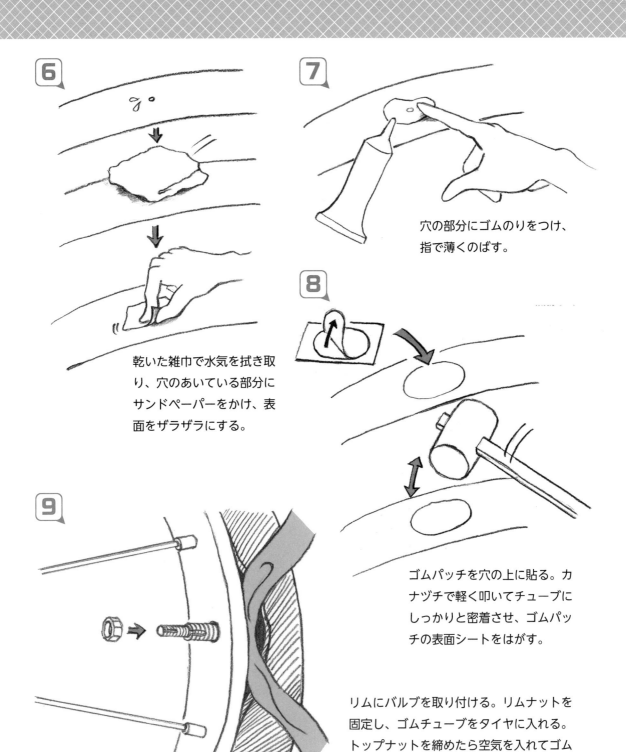

6

乾いた雑巾で水気を拭き取り、穴のあいている部分にサンドペーパーをかけ、表面をザラザラにする。

7

穴の部分にゴムのりをつけ、指で薄くのばす。

8

ゴムパッチを穴の上に貼る。カナヅチで軽く叩いてチューブにしっかりと密着させ、ゴムパッチの表面シートをはがす。

9

リムにバルブを取り付ける。リムナットを固定し、ゴムチューブをタイヤに入れる。トップナットを締めたら空気を入れてゴムキャップをする。

防災工具の取り付け

地震による家具や家電の転倒、落下で、建物内でケガをする人がいます。万が一のときに備えて、避難経路を確保するために防災工具を使用しましょう。種類も多く、組み合わせて使用することで、強度を増すことができます。

◉ 耐震ラッチ

戸棚の扉が強い揺れによって開いてしまうのを防ぐ器具です。とくに食器棚は、飛び出してきた食器が割れると、ケガの原因や、避難する際の妨げにもなってしまいます。引き出しをロックできる耐震ラッチもあるので、合わせて取り付けておくとよいでしょう。

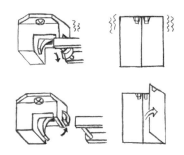

◉ 家具ストッパー

家具の転倒防止用ストッパーです。オフィスの棚やキャビネット、冷蔵庫にも取り付けることができ、地震の際にゴムが伸びて衝撃を吸収し、転倒を防止します。耐震実験でも、効果が確認されています。取り付けは家具、家電と壁面に貼るだけで、穴あけは不要です。取り外す際は、ドライバーなどを差し込んで回せば外すことができます。家具の重さなどによって種類があります。

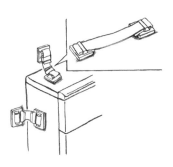

◉ 家具転倒防止つっぱり棒

食器棚やたんすが、揺れによって倒れることを防止する器具。家具と天井のすき間を、つっぱり棒で固定して使います。家具の両端に設置することで、強度が高まります。家具の多くは手前側に倒れてくるため、就寝時などに下敷きとなって動けなくなってしまうことがないよう、取り付けておくことをおすすめします。

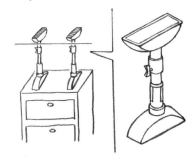

◉ T型固定式家具転倒防止用品

家具の上部や側面に設置することで、振動を吸収し、転倒を防いでくれる器具です。粘着タイプなので、ネジで留める必要がなく、壁を傷つけることなく簡単に取り付けることができます。家具の両端に設置し、壁にしっかり密着させるとよいでしょう。

ちょい足し テクニック

家具の汚れや色あせ補修

キッチンの収納扉や、リビングの家具などは、長年使用していると汚れや色あせが出てきます。まだ使えるから買い替えるのはもったいない。そんなときは模様替えシートを貼って、新品同様の状態によみがえらせましょう。

つかう道具

- ・台所用洗剤
- ・除光液
- ・雑巾
- ・ドライバー（把手付きの引き戸や扉の場合に使用）
- ・カッターナイフ
- ・模様替えシート
- ・スキージー
- ・プラスチック製のヘラ
- ・マスキングテープ
- ・ドライヤー

スキージー

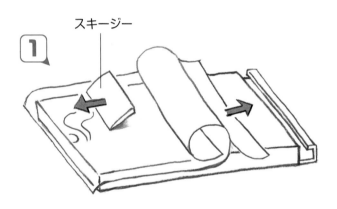

1

中性洗剤をつけた雑巾で汚れをふき取る。粘着シートを貼る位置を決め、スキージーを使ってシワや気泡が入らないようにゆっくり貼り付ける。

Point!

貼り付ける際、シートをマスキングテープなどで固定しておくと、ズレにくい。気泡が残った場合は、カッターナイフで小さな空気穴をあけ、スキージーをあてるときれいになる。

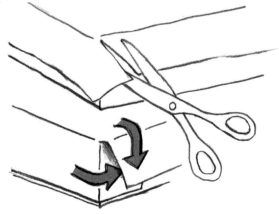

角は、シートにハサミで切り込みを入れ、折り返して貼る。角に丸みがある場合は、切り込みを2～3か所増やすと形が整えやすい。

3

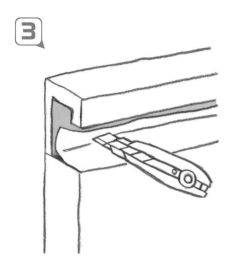

余った部分はカッターナイフでカットする。
ヘラやスキージーなどを押し当てて折り目を
つけると、カットしやすくなる。

4

シート表面にドライヤーで熱を加えることで
シートが密着し、きれいに仕上がる。
シワができた場合も、ドライヤーを当てなが
らスキージーでのばすと、目立たなくなる。

家具についたシールをはがす

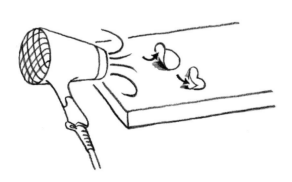

ドライヤーで温めることで固まった粘着部分
をほぐす。
少し温かくなったら、ゆっくりと剥がす。
プラスチックなど熱に弱い素材は、熱しすぎ
ないよう注意。

台所用洗剤や除光液をシールに染み込ませて
ラップを巻き、しばらくおく。
ラップを外し、ヘラを使って剥がす。

椅子の座面の張り替え

ダイニングチェアなどのクッション付きの椅子は、長年使用していると、座面やヘリの生地がすり減ってきます。

傷みの気になるダイニングチェアのクッションは、中のスポンジが傷む前に座面を張り替えましょう。

🧰 **つかう道具** 🧰

- ・ドライバー
- ・生地
- ・裁ちバサミ
- ・タッカー（ステープル）

[1]
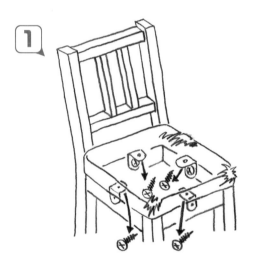

ドライバーを使い、ネジを緩めて座面を外す。

[2] ウラ面
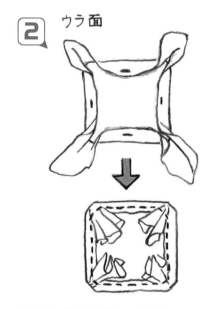

大きめに生地を裁ち、座面にかぶせる。生地の端を引っ張りながらタッカーで留める。余った生地は裁ちバサミで切る。

[3]

[1]で外したネジを締め直す。

Point!
座面の色や模様を、カーテンや壁紙に合わせると、インテリアに統一感が出る。

床の段差の解消

家の中のちょっとした段差でつまずいて転倒した経験はありませんか。とくに子どもやお年寄りのいる家庭では、安全に過ごせるようにしたいものです。

ここでは、段差スロープの取り付け方を紹介します。

フローリングタイプ

クッションフロアなど小さな段差には、フローリングタイプのスロープが最適。EVA樹脂使用のやわらかい素材なので安全です。

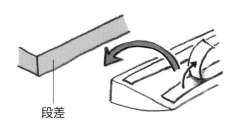

段差

長さに合わせて、ハサミかカッターナイフでカット。本体の裏面についた剥離紙をはがす。

指で押さえてフローリングにしっかり圧着させる。

カーペットタイプ

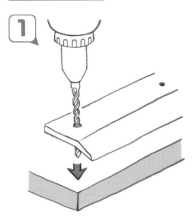

電動ドリルドライバーにドリルを取り付け、下穴を開ける。皿取りビットに付け替え、皿取りする。25mmのビスを打ち込む。

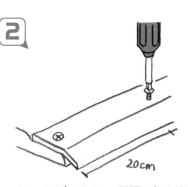

25mmのビスを20cm間隔で打ち込む。

つかう道具

- 段差スロープ
■フローリングタイプ
- ハサミまたはカッターナイフ
■カーペットタイプ
- 電動ドリルドライバー
- ビス
- 皿取りビット
- ドリルビット

Point!
カーペッタイプのスロープが長い場合、ノコギリなどでカットして調整するとよい。

階段のすべり止め

パート4

階段は、住まいの中でも事故が起こりやすい場所のひとつ。階段の安全には、手すりのほかにすべり止めをつけるのも簡単かつ効果的です。角の部分がクッション性のあるタイプがおすすめです。

つかう道具

- すべり止め（コーナークッションタイプ）
- 雑巾
- ハサミ
- ヘラ
- ワックス
- ハケ
- ドライヤー

1

段落全体にすべり止めを貼る。踏板は、とくにきれいに拭き取る。汚れが落ちない場合は、濡らした雑巾を使う。

2

階段のへこみに合わせた、すべり止めを用意する。
転倒の衝撃をやわらげる、コーナークッションタイプのものを選ぶとよい。

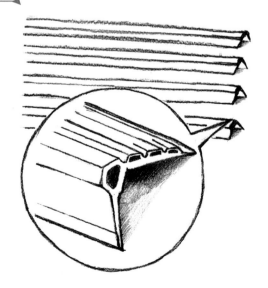

Point!
シート状のすべり
止めが貼ってある
場合は貼り直す。

③

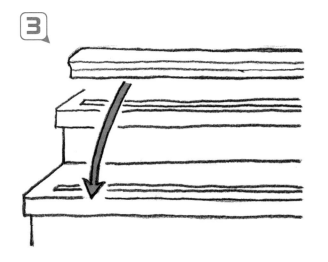

すべり止めの裏面についている、両面テープをはがしたら、踏板の角に合わせて貼る。一枚一枚、指でしっかり押さえて密着させるのがコツ。長尺タイプは、踏板の幅に合わせて、ハサミでカットしてから貼る。

④

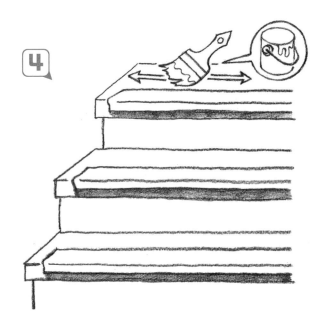

階段にワックスをかける。すべり止めにワックスがつかないよう注意。
はがす場合は、踏板の表面を痛めないよう、ドライヤーを当てながらヘラを差し込み、隙間を作ってはがす。

寝てしまった
カーペット生地を戻す

家具の配置替えをしていると気になるのが、カーペットのへこみです。テーブルや椅子の脚の跡がついたままでは、見た目が悪くなります。

ここではパイルカーペットの場合を紹介します。

🧰 **つかう道具** 🧰

- ・霧吹きまたは雑巾
- ・ヘアブラシまたは歯ブラシ
- ・ドライヤー

1

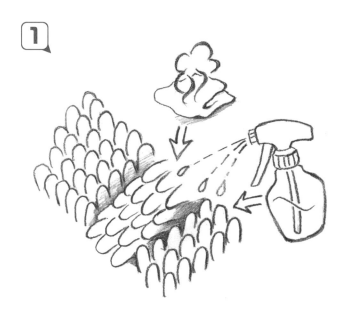

へこんだ部分に霧吹きをして湿らせる。霧吹きがない場合は雑巾を湿らせて押し当てる。はっ水加工されたカーペットの場合は何もしない。

Point!

ウールのカーペットの場合はアイロンでスチームをかける、ブラシをしながらドライヤーをくり返して形を整える。

2

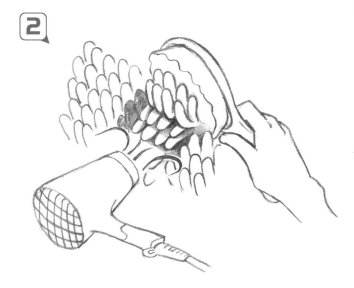

ヘアブラシなどでとかしながらドライヤーをあてる。

引き出しの メンテナンス

木製の家具は、湿度の変化により引き出しがスムーズに開かなくなることがあります。

スライドレールが付いたスチール製の引き出しも、長く使用すると引き出しにくくなることも。無理やり引っ張ると壊れてしまいます。

すべりの悪い引き出しは、シリコンスプレーで簡単に解消できます。

🧰 つかう道具 🧰

- ・シリコンスプレー
- ・雑巾
- ・綿棒

Point!

シリコン剤を塗るとき、直接スプレーすると、家具が変色することがあるので注意。

スライドレールなどがないタイプ

雑巾にシリコンスプレーを吹きつける。引き出し側と棚や机の本体側の両方を拭く。

シリコンスプレー

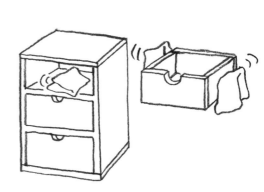

スライドレールなどがあるタイプ

綿棒にシリコンスプレーを吹きつけ、ローラーをまわしながら塗る。引き出しのレールは、シリコンスプレーを吹きつけた雑巾で拭く。

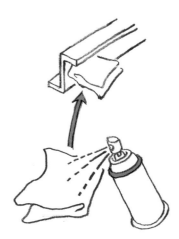

釘であいた柱の穴埋め

時計などをかけていた針や金具を外すと、穴が目立ってしまいます。そんなときは、つまようじを使うことで、簡単に穴を埋めることができます。

🧰 **つかう道具** 🧰

- ・つまようじ
- ・カナヅチ
- ・カッターナイフ
- ・木部補修剤

1

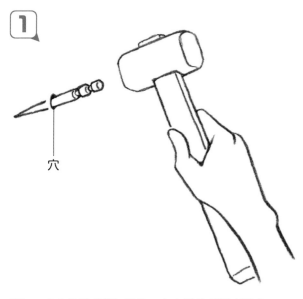

穴

穴につまようじを差し込み、カナヅチで軽く叩く。

2

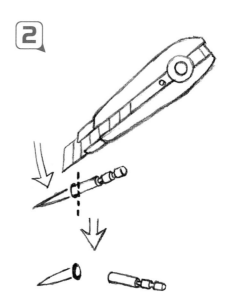

穴からはみ出した部分を、カッターナイフで切り落とす。
刃を柱と平行にして切れば表面が出っ張らない。

3

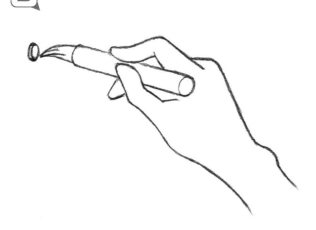

柱の色に近い木部補修剤を塗る。

Point!

穴が大きい場合は、数本にまとめたつまようじや、鉛筆削りで先を尖らせた割り箸を差し込む。

壁の小さな穴の補修

画びょうやネジを抜いてできた壁紙の小さな穴は、意外に目立つものです。穴の中にほこりや汚れがたまって、黒ずんでしまうことも。

小さな穴はそのつど、壁紙の色に合った専用の補修剤や補修シールを使って補修するようにしましょう。

🧰 つかう道具 🧰

- 補修用充填剤
  （穴埋め補修剤）
- ヘラ
- 補修シール
- ハサミ

充填剤で埋める

1

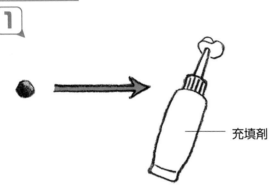

充填剤

穴の周囲が盛り上がっている場合は、付属のヘラで平らにならす。
補修剤のノズルの先端を当て、少し多めに注入する。

2

ヘラ

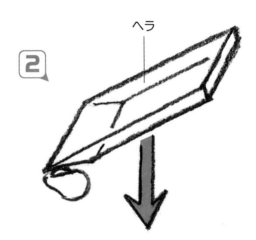

ヘラを使って、壁紙の表面となじませる。

補修シールで隠す

専用の補修シールを使う場合はシールの角をハサミで丸く切っておく。壁紙についた汚れや焦げ跡なども、この方法で簡単に隠すことができる。

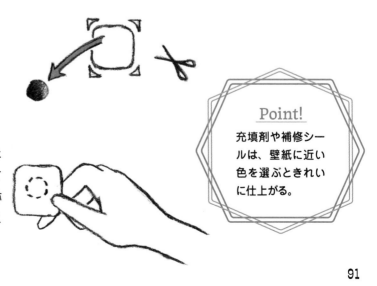

Point!
充填剤や補修シールは、壁紙に近い色を選ぶときれいに仕上がる。

石膏ボードへの フックの取り付け

壁の下地の多くは石膏ボードが使われています。石膏層は砕けやすいため、ネジが効かず、重さにも耐えられません。もろい石膏ボードでも、しっかり打てるボードアンカーを使えば、フックを取り付けることができます。

つかう道具

- 下地センサー
- 電動ドライバー
- ボードアンカー
- ネジ
- ドライバー

1 下地センサー（P58参照）

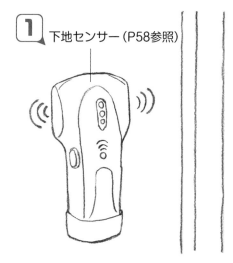

下地センサーで、柱のない場所を探す。

ピンタイプの場合

ピン　　　フック

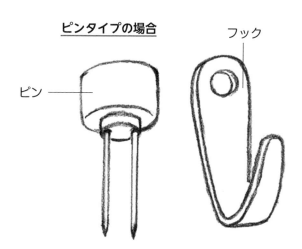

二つ針のある強度の高いピンを使う。

2

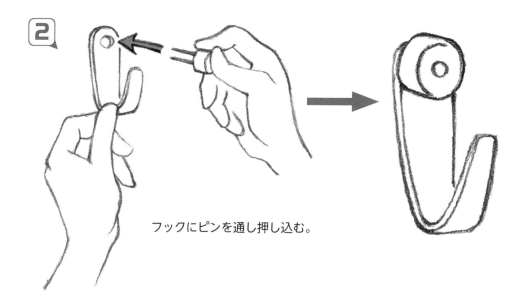

フックにピンを通し押し込む。

ねじ込みタイプの場合

1

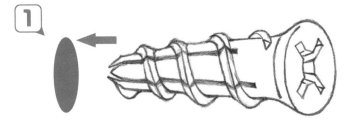

電動ドライバーで、アンカーサイズに合わせた穴を開け、アンカーを差し込む。

Point!
一度取り付けると、取り外しができないため、取り付けの位置決めは慎重に行なう。

2

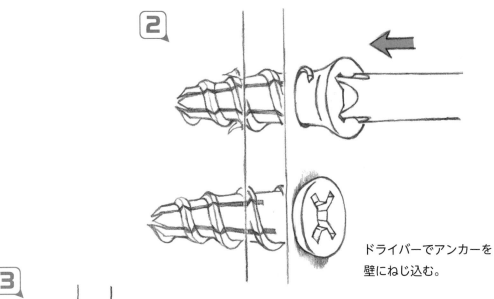

ドライバーでアンカーを壁にねじ込む。

3

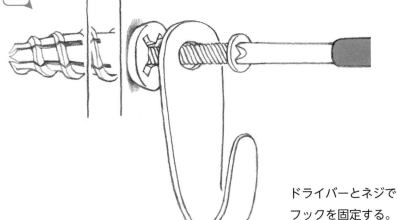

ドライバーとネジでフックを固定する。

汚れの種類に合った洗剤

洗剤には、酸性、中性、アルカリ性と大きく分けて3種類あり、汚れの性質と反対の性質の洗剤を使うことで中和され、汚れを落としてくれます。中性洗剤は、手肌への負担が少なく、幅広く使用されていますが、がんこな汚れを落としたいときには不向きです。

水垢

水垢は、水道水が付着することで発生します。水道水にはカルシウムやマグネシウムなどのミネラル成分が含まれていて、水道水が蒸発するとミネラル成分だけが残り、水垢となります。水垢はアルカリ性なので、酸性の洗剤などで落とすことができます。とくに、レモンなどに含まれる自然由来の成分であるクエン酸は、洗面所や浴室はもちろん、電気ケトルなどにも使用できます。

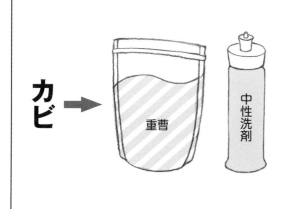

カビ

浴室やエアコン、洋服など様々な場所に発生するカビ。温度20〜30度、湿度80%以上で、汚れやホコリがある場所に生えやすいため、梅雨の時期が一番発生しやすいといわれています。発生場所やカビの種類にもよりますが、基本的には中性洗剤や重曹を使い、数十分ほど放置することで除去します。水拭き後乾燥させ、消毒用エタノールをかけると除菌も出来るので効果的です。

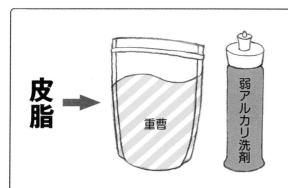

皮脂

洋服の襟や袖などに付きやすい皮脂汚れは、人の汗や皮脂が付着し酸化した、弱酸性の汚れです。一般的な洗濯洗剤だけでは、繊維の奥に染み込んだ皮脂汚れまでは落としきれないことが多いですが、弱アルカリ性食器用洗剤や重曹を塗り込み、もみ洗いしてから洗濯することで、汚れが落ちやすくなります。

おわりに

　私は、広島県で「暮らしと住まいの便利屋さん」として、家まわりのメンテナンスや掃除、建具・家具の修理などを行なっています。

　近年、家の中のキズや劣化に対処する案件が増えています。テレワークやオンライン受講が増えて家の中が気になりはじめた人、大掃除のついでに補修しようと考える人は年々増えていると実感しています。

　本書で紹介したのは、そういう方々が必要としている身近なお手入れの実践方法です。専門の業者に頼むと費用がかかる水まわりやエアコンのちょっとした修理も、できるだけ自分で行なえるようわかりやすく図解しました。「これならできそう！」と思えるはずです。さらに、意外と知られていないお手入れで役立つ便利グッズも紹介しました。

　本書が、みなさんの「日々のお手入れ」に役立ち、快適な生活の助けになってくれることを願っています。

便利屋つばさ　代表　大橋一哉

■監修者
便利屋つばさ　代表 大橋一哉（おおはし　かずや）
広島市で創業14年になる便利屋を営む。建具の修理や草刈り、ハウスクリーニングなど幅広いサービスを提供している。ホームページの「お仕事奮闘日記」では、リモコン修理や黒ずみ落としなどの動画を公開している。

・ホームページ　https://tubasabennri.com/

■スタッフ
編集・構成・本文デザイン／造事務所
装丁／イヌヲ企画（高橋貞恩）
文／石川千穂子
イラスト／高岡理恵子、写真AC

簡単 得する
暮らしのお手入れ

発行日　2021年12月16日　初版第1刷発行

監　　修　　便利屋つばさ　代表 大橋一哉
編　　著　　株式会社造事務所
発 行 人　　磯田肇
発 行 所　　株式会社メディアパル
　　　　　　〒162-8710
　　　　　　東京都新宿区東五軒町6-24
　　　　　　TEL. 03-5261-1171　FAX. 03-3235-4645

印刷・製本　　株式会社光邦

ISBN978-4-8021-1062-4　C0077
©Kazuya Ohashi, ZOU JIMUSHO 2021, Printed in Japan